高校足球教学与训练创新设计研究

闫 强◎著

北京工业大学出版社

图书在版编目（CIP）数据

高校足球教学与训练创新设计研究 / 闫强著 . — 北京 ：北京工业大学出版社，2024.1重印
ISBN 978-7-5639-7017-9

Ⅰ . ①高… Ⅱ . ①闫… Ⅲ . ①足球运动—运动训练—教学研究—高等学校 Ⅳ . ① G843

中国版本图书馆 CIP 数据核字（2019）第 233573 号

高校足球教学与训练创新设计研究

著　　者：闫　强
责任编辑：张　贤
封面设计：点墨轩阁
出版发行：北京工业大学出版社
（北京市朝阳区平乐园 100 号　邮编：100124）
010-67391722（传真）　bgdcbs@sina.com
经销单位：全国各地新华书店
承印单位：三河市元兴印务有限公司
开　　本：710 毫米 ×1000 毫米　1/16
印　　张：9
字　　数：200 千字
版　　次：2021 年10月第 1 版
印　　次：2024 年 1 月第 3 次印刷
标准书号：ISBN 978-7-5639-7017-9
定　　价：52.00 元

前 言

在我国足球水平低迷的情况下，促进足球运动教学工作的发展就显得尤为重要，高校校园足球建设也被当作当前我国体育发展战略的重要举措之一。开展好足球训练教学，有助于帮助学生树立较强的团队意识和坚强的意志品质，培养其责任心、拼搏精神和沟通能力等。对足球教学训练进行创新、改革有助于教学质量的提升。

在对足球基础技术基本熟悉之后，学生就可以进行战术训练了。首先，教师要帮助学生建立战术概念。作为教学训练的重要组成部分，战术训练基本包括个人战术、基础战术和全队战术。教学中要让学生培养战术的概念，这主要通过为学生讲解分析案例以及进行示范来使学生初步了解足球战术的特征、构成、目的、作用等。这有助于让学生认识足球攻守之间的规律。在此之后，教师应进行战术练习方法的教学，组织学生进行配合练习，让学生在实践中总结经验教训、积累知识。教师在教学中还可以利用工具，比如画图、录像等，进行直观的演示分析，帮助学生提高观察力以便更好、更快、更直观地理解战术的具体方法。

在学生形成战术的概念后，就要加强其基础战术的训练，只有通过练习，才能真正领悟并掌握足球运动的知识。在进行局部配合教学时，首先进行进攻配合训练，然后进行防守配合训练，在训练中两人、三人逐渐递增进行配合训练。进攻配合训练，要在学生熟悉方法及路线的前提下，逐渐增加其干扰和对抗；而防守配合训练，要在一开始消极进攻的基础上，增大进攻难度，逐步提高学生防守战术训练能力。

在足球专项课技术专项训练的教学中，教师应依据学校的教育目标和教学计划来规划设计课程和具体教学内容。在足球运动技能形成的不同阶段，教师还应合理运用教学方法，积极进行教学手段和方式的创新探索，以达到更好的教学效果。

目　录

第一章　高校足球教学概述

第一节　高校足球教学的现状

足球运动为全世界的第一大运动，集人类各项运动的特点于一身，可以说是人类运动的集大成者之一。足球运动以其人人可参与的广泛性，比赛结果不可预知的偶然性，比赛环境中球员与球迷情绪的带动性，以及赛后丰富的话题性，成了全世界最为迷人的运动。本节从高校足球场地、高校足球教育、学生和教育者参与度以及高校经费这几个方面对高校足球教学的现状展开分析，并总结了改进的方法。

足球运动这项魅力十足的运动项目除了拥有广泛的社会效益外，同时也兼具了强大的商业效益。其中商业效益包括足球的教育培训、门票销售、电视网络转播、商业赞助、周边衍生品开发、足球彩票等。党的十八大以来，以习近平同志为核心的党中央已经把振兴足球作为发展体育运动、建设体育强国的重要任务摆上日程，可见国家对足球这个运动项目的支持力度和重视程度。然而足球这项魅力十足的全民运动在我国高校足球教育中发展得并不够理想。

一、高校足球教学的现状分析

（一）高校足球场地现状分析

相关调查结果显示，全国 80% 的高校认为足球教学场地是影响高校足球教育开展的最大问题。经济水平发达的大部分区域的高校，其足球场地平均不到两片（1 片标准足球场地的面积为 7140 m^2）的水平，65% 的高校足球场地使用人造草皮，依照足球场地标准来对比各大高校的足球场地大概率也是达不到标准的。设施条件相对较优的场地由于保养维护费用问题也在慢慢闲置，属于半封闭状态。这对高校足球教学造成了一定的困扰，想要开展足球训练却受限于场地问题而不能开展，学生在课余时间的足球活动同样也会受阻，这会削弱足球教育人员和学生的热情度，降低学生对足球运动的积极性。而在经济水平欠发达地区，学校的足球场地大概率已经完全废弃，一小部分足球场地的地面已经不符合足球用地的标准，荒草丛生，地面凹凸不平。而有的已作他用，本是足球项目的专业场地，但是却根本没有起到其应有的作用。场地作为足球运动中最基本的必要条件，并不能满足全国各大高校足球教育工作的开展需要。

（二）高校足球教育现状分析

全国高校中，大部分体育教师承担了大部分体育项目的教学，教学任务重，科目繁多，在这种情况下，教育者无法专注于足球教学工作的开展。同时高校足球教育者在拥有丰富的高水平理论知识前提下，缺乏的是丰富的实战经验，实战经验的不足无法带动学生进行专业、系统、科学的教学，更受困于无法引导学生对足球这个体育项目产生兴趣，从而影响其体育素质的培养。足球教学的时间也是极其重要的，拥有了足球项目所必需的时间，才能进行足球人才的培养。目前全国高校中对体育项目的课程安排也是不足的：课程时间过短。各省市在体育教学中，大部分学校的体育教师除了上专业课之外还几乎承担了所有体育项目通识课的教学任务，教学项目很多，不能专注于一门项目的教学，其中就包括足球课。即使在这种情况下，也没有聘请足球教练对学生进行专业的技能训练，这直接影响到了学生对各项运动的兴趣，限制了其体育素质的培养。高校足球教育者在实际教学训练过程中的问题还具体表现在：教学能力参差不齐；只注重对学生技术层面的训练，却忽略了对学生心理、思想和精神层面的培养。同时，高校足球教育者的薪资待遇方面也存在着问题，多数教师由于没有编制，无正式职工的福利且课时费较低。足球教师是开展校园足球教育的必备条件之一，然而足球教师的紧缺是校园足球教育开展过程中的一大难题。

（三）学生和教育者参与度现状分析

随着网络游戏的盛行，高校学生对户外运动的热情远远低于网络游戏，究其原因就是学生对足球这项运动的参与程度太低。同时也没有什么方式让他们参与其中，接触机会较少，接触机会少就会导致投入时间少，投入时间少就会导致足球在他们的生活中的话题性与热情度程度降低。最近几年，足球运动得到了普遍重视，但是在大部分高校中普及力度不够大。大多数学校一致传统地认为学业项目大于体育项目，其实它们是画等号的，都很重要。很多学生参加这项运动的原因仅仅是课程安排的规定或者比赛临时练习，学生在足球项目中体验时间短的同时也缺乏专业科学的培训指导，水平较低。足球教育者因为他们的教学任务重，科目繁多，无法全身心投入足球教学中去，高校中的体育教育工作者在教师团队中占比也是极低的，即专业教学工作者较少。

在足球运动中，学生安全的保障是学生家长与教师非常关心的问题，也是学校组织开展各项体育项目活动的基础。校方和家长担心孩子在运动中受伤从而影响学业。大部分家长在处理孩子踢足球与学习关系的问题上，有着十分主观的理解，他们只是把踢足球当作孩子的一种课外兴趣，认识不到足球活动对孩子各方面的促进作用。学校以及教育者也没有及时向家长传达足球运动项目的开展对学生身心健康发展的重要意义。

（四）高校经费现状分析

高校足球的发展离不开资金的支持，如果缺少资金，足球的发展就很难进行下去。足球场地的维护、运动器材更新、举办小型比赛或者大中型比赛都需要经费支持，就目前来说高比例的学校经费得不到有力支持。在经费短缺的情况下，足球场地就无法很好地维护与保养，感受到国家发展足球项目运动的决心，笔者相信后续经费一定会慢慢得到补充。

二、高校足球教学的改进方向

对于高校足球场地的维护问题，可以使用国家相关部门的拨款来改善场地设施情况，保证每所高校都有符合标准的足球场地。同时，全国各大院校应积极维护足球场地，使其尽量避免半封闭状态。同时对足球场地全天候开放，避免足球场地开放度低造成学生的积极性低。

在教学者方面，应给予学生与教师更大的自由度，需要学校安排足球项目充足的课时与课外实践，让学生有充裕的时间进行一项体育运动。学校方面还应不定期给予足球教师更多的培训学习机会，安排专业足球从业人员来校沟通交流学习。

积极举办学校内部或外部的赛事活动，并邀请学生家长参加，以打消学生家长对于足球运动会影响孩子学业健康的疑虑，并安排一系列奖励措施，用来提高学生的集体意识与集体荣誉感，使学生体会到足球带给他们的成就感，从而让学生喜爱并享受这项运动。

运动安全是需要学校与个人特别注意的，因此在教学和训练过程中，要加强对学生的安全管控及安全意识的培养，赛前如何热身、如何安全使用场地设施、在运动过程中应注意哪些问题等，都需提前向学生讲清楚，课后或训练结束后要进行评估与反馈。与此同时，要完善保险制度，这样会大大减轻学校、家长和学生的负担。

现阶段国家要想发展足球运动项目，首先需要的就是拥有大量的足球人才，有了大量的足球运动人才，才能具有大力发展足球运动事业的资本。目前，我国高校的足球教育已经取得了一定的效果和成就，但是与国外的高校足球教育相比较，我们还有着巨大的差距和提升空间，这就要求我国高校足球教育人员应更加努力地完善我们的足球教学体系，使其更加具有系统性和科学性。

第二节　高校足球教学的内容

国家发展战略把振兴足球作为很高的社会冀望，这也将高校足球传播和教育推上了重要的位置。高校足球运动，能为校园传播吃苦耐劳、团结协作的体育精神。笔者在此对高校足球教学提出一些建议，希望可以促进足球教学朝着科学化和更有利的方向发展。

2015 年通过的《中国足球改革总体方案》提出："实现中华民族伟大复兴的中国梦，与体育强国息息相关，发展振兴足球是建设体育强国的必然要求，是全国人民热切期盼；要让校园足球、职业俱乐部、社会足球各种培养路径有效衔接。"可见足球改革和发展已经提升到了国家战略层面，作为中坚力量的高校足球教育也面临着改革和发展。笔者参考了大量文献，根据多年教育经验，对高校足球教学内容提出以下几点看法。

一、让大学生学习足球运动常识

现代足球起源于英国，起初比赛是在城市的街道上进行的。1580 年，足球作为学校足球的体育活动在英国的大学校园内进行。1840 年，足球运动由英国传入中国。1863 年 10 月 26 日，英格兰足球协会成立并制订世界上第一个统一的足球规则，从此宣告现代足球诞生。国际足球联合会（FIFA）成立于 1904 年 5 月 21 日，目前是世界最大的国际单项体育组织，共有 200 多个会员协会，足球运动号称世界第一运动。

国际足联世界杯至 2014 年已举办了 16 届，是世界体育项目中最具影响力的赛事，第一届比赛于 1930 年在乌拉圭举行，乌拉圭夺取了第一个世界冠军。

二、足球运动的作用

首先，足球运动有利于良好的心理品质及思想品德的形成。经常从事足球运动，不仅对自身良好性格的形成能产生巨大的影响，而且还可以培养人的意志、自制力、责任感及勇敢顽强、机智果断、坚韧不拔、勇于克服困难、团结协作、密切配合、集体荣誉感、守纪律等思想品德。

其次，足球运动有利于增强体质、促进健康。足球运动是全面锻炼和健全体魄的良好手段，是全民健身活动中一项行之有效的体育运动项目。经常从事足球运动，可以提高人们的力量、速度、灵敏、耐力、柔韧等身体素质，并能使人的高级神经活动得到改善，尤其能增强人体的心血管系统、呼吸系统等内脏器官的功能，从而促进人体的健康。

再次，足球运动有利于精神文明建设。在改革开放的今天，足球已成为我国许多城市中人们生活的一部分。人们从踢足球中得到情绪体验、从看足球中得到艺术享受、从谈论足球中得到思想交流，足球运动丰富了人们的业余文化活动，提高了人们的生活质量。足球已成为一些城市的政治、经济、文化、生活的重要组成部分。

最后，足球运动有利于振奋民族精神，在重大国际足球比赛中，能激发人民团结拼搏、进取向上的精神和爱国主义热情。

足球运动是一项高速状态下的强对抗集体项目，通过长期的训练，培养了运动员坚韧不拔的意志品质和不怕困难、吃苦耐劳的精神，若他们在文化课及专业学习中能够发扬这些优良品质将有利于提高成绩。

足球比赛不仅是技术、战术、身体素质的对抗，更重要的是智力和心理的比拼，比赛要求队员集体配合，这些要求都是对运动员全面素质的锻炼，是培养和开发他们智力的全过程，也是使他们的情商和智商得到全面发展的一种良好方式。

参加足球训练的大学生通过长期参加足球训练和比赛，虽然他们可能成为不了高水平的职业球员，但综合素质得到了全面发展，他们将来对社会环境的适应能力会高于其他同学。

三、对大学生足球专业素质的培养

足球专业素质包括力量素质、速度素质、运动耐力素质、心理机能训练等。在大学生的足球训练中，首先，应进行全面身体素质训练，为最大限度提高专项水平提供基础。其次，应进行系统训练，保证体能不断巩固与提高，适应比赛要求。然后，应进行大运动量训练，提高训练水平和运动成绩。最后，应注意一般训练和专项训练相结合，使训练出的良好身体素质在比赛中充分发挥出来。除此之外，还要注意以下两方面的培养。

（一）在足球学习中锻炼大学生的专项能力

足球专项能力是指清晰的感知觉（位置感、球感、方向感、速度感、时空知觉、与队友的默契配合、射门意识、抢点意识等）、分析判断能力（捕捉信息、全面观察局面、善于把握机会和抓住关键）、思维决策能力（敏捷思维和果断决策应变能力）、灵活多变应对局面的创造力（创造性运用技术战术的能力）、注意分配能力（同时注意 2 个以上目标如队友、对手、球、位置等的能力）、注意的广度（注意的范围视野比赛场广阔的视野，有助于观察和判断）、注意的适度集中和稳定（始终专注场上局势的变化，不顾及场外注意的适时转移，及时摆脱不必要的纠缠、纠纷和困扰）。

在足球课堂中，培养学生的敏捷性、挑战性、敢为性、准确性、战略性、坚韧性、转化性是教学的目标。

（二）在足球学习中锻炼大学生的心理能力

在对大学生进行足球训练的过程中，教练员应重视情感投资，关心和爱护队员，和学生交朋友，平等相处，晓之以理，动之以情，学会控制情绪，适当满足学生的好奇心。

在教学中纠正想赢怕输的心理、盲目自信与自卑交织的情结，要注意以下几点：减少使用消极的语言暗示，加强积极的语言暗示；减少不利的他人参照提示；保持积极的心态，确立正确的任务取向目标与正确的胜败观；在日常训练中培养运动员善于把失败转化为增强自信心的信息源；正确看待失败，客观、细致地分析失败的原因，真正从失败中找到进步的线索。当一个运动员善于总结失败的原因，并结合自身特点在失败中不断完善自己，对于胜败得失，在心理定向上已经逐步趋向于任务定向而非成绩定向，把比赛发挥的好坏作为自我满意度的一个标准，而不是简单地以胜负论英雄。运动员有了这样的心理定向后，即使处于不利和困境中，也能建立起自己强大的自信心。

消除赛前过度紧张焦虑的方法如下。

①进行呼吸调节：比赛前，在脑中清晰地重现自己过去获得成功时的最佳表现，体验当时的身体感觉和情绪状态，以增强信心。

②进行活动调节：做好充分的准备活动，让自己的身体机能适应比赛的要求，避免运动损伤和让身体处在最佳状态。

③自我暗示：如用“我很镇静”代替“我不紧张”、用“我很稳定”代替“我不能失误”、用“我站得很稳”代替“千万别摔倒”等。

④注意转移：谈论比赛之外的轻松话题，想象自己舒适的环境和开心的场景，转移比赛的紧张情绪。

四、克服社交恐惧，增强团队凝聚力

在学习过程中要学会沟通和交流，做到相互了解、心理相容；在运动过程中要学会理解和帮助，即取长补短、共同提高；增强团队意识，荣辱与共、同舟共济；增加集体荣誉感和责任感，明白这是我们共同的任务，从而形成团队的凝聚力。

五、让大学生学习足球训练和比赛过程中的运动营养知识

长期参加足球运动训练和比赛的大学生，比其他大学生消耗身体能量更大，因此，这些同学必须进行营养补充。在训练期应做到以下营养总则和措施。

①坚持膳食多样、全面、适量的基本原则，按照“四多”和“三少”的方法进行配方。“四多”：蔬菜、水果、奶制品或豆制品。“三少”：油脂、肉类、油炸食品。

②在日常膳食中增加摄入符合要求的碳水化合物，即含糖量高的碳水化合物，如大米、面、甜食等，因为人体消耗总能量的60%～65%来自碳水化合物。

③合理选择含糖食物。训练后选择高血糖指数食物：玉米、土豆、蜂蜜、全麦面包、大米、牛奶、番茄汤。在训练前 2 ～ 3 小时选择低血糖指数食物：红薯、豌豆、橙汁、苹果、冰激凌、花生。

④注重早餐和必要的加餐：保持有规律的早餐，加餐以点心为主，一日三餐的能量摄入分配：早餐 30%，午餐 40%，晚餐 30%。

⑤限制总的脂肪摄入：少吃油炸食品、黄油、肥肉和油腻的奶制品。

⑥适量的摄入蛋白质：每日摄入蛋白质每千克体重 1.0 ～ 1.5 克含量。

⑦训练前应避免摄入纤维性蔬菜，如粗粮、韭菜、干豆等。

⑧依靠食物摄入维生素和矿物质，不使用生物制剂补充维生素和铁、锌、钙。

⑨训练过程中补水应以运动饮料为主，不能补白水和高浓度的果汁。

比赛期间的膳食和营养补充要做到以下三点。①赛前用餐时间：赛前 2 ～ 4 小时。②赛前用餐配方：以谷物类的碳水化合物、蔬菜和水果为主。③赛前补水：赛前 30 分钟摄入 100 毫升运动饮料。④比赛后的营养恢复：主要补充碳水化合物。学生掌握这些营养知识对足球训练起到了很大的帮助。

六、使大学生了解足球运动员常见运动损伤的防护与急救

运动损伤按组织结构分为软组织损伤和骨骼损伤，足球运动员中常见的损伤以下肢为主，主要是软组织损伤，根据近几年调查的资料，足球运动中常见损伤中 47.8% 的损伤在四肢。

（一）运动损伤的防护

①要给学生讲解准备活动的意义，告知他们训练和比赛中会受伤，使他们养成训练和比赛前认真做好准备工作的习惯。

②加强身体素质的全面训练，提高机体对运动的适应能力。综合身体素质的提高对避免对抗中受伤起关键作用，教师在足球课教学和训练中应加强各项身体素质的训练，使学生有强壮的体格，避免受伤。

③根据大学生的生长发育情况，科学安排教学训练和比赛，防止运动量过大造成疲劳给学生带来的损伤。

④教会学生在运动对抗中合理保护自己，如教会学生在对方冲撞、铲球、头顶球争夺时如何保护自己。

⑤教师要随时了解学生的身体状况，在足球训练中因材施教，防止加重损伤程度，针对性地安排个人训练，避免加重伤情。

（二）运动损伤的急救

1. 急救器材的准备

学校医务室内应备好单架、毛毯、水容器和海绵、急救包。足球队训练和比赛时应将急救包带到足球场，急救包主要配备生理盐水、酒精、碘酒、绷带、氯乙烷等。

2. 急救办法

闭合性软组织损伤：按 RICE 原则处理，即制动、止血、防肿、镇痛和减轻炎症，其具体内容如下。

①休息（Rest）：休息、局部停止活动，目的是减少局部软组织出血和水肿，减轻疼痛。

②冷敷（Ice）：冰敷或冷疗是指用冰块或冷水吸氯乙烷对受伤部位进行冷冻处理，损伤导致皮下软组织毛细血管出血，冰敷可使毛细血管收缩，止血，使神经系统麻痹，止痛。

③加压包扎（Compassion）：加压包扎使用绷带完成，目的是压迫血管减少软组织出血和肿胀。

④抬高患肢（Elecation）：抬高受伤肢体，作用是促进受伤肢体血液回流，有利于消肿。

开放性软组织损伤：足球训练者最易受的是擦伤，处理方法是首先用生理盐水清创，然后再涂酒精和碘酒，但面部擦伤只涂抹 0.1% 新洁尔灭溶液即可。

3. 骨折及脑震荡

若学生在运动对抗中发生骨折及脑震荡，应立即送医院救治。使大学生了解运动损伤与防治方面的知识是非常有必要的，这样他们在足球运动中可以做好自我保护，避免不必要的运动损伤，既增加了足球课堂的安全性，也有利于成绩的提高。

第三节　高校足球教学中存在的安全因素

足球被誉为“世界第一运动”，其重要性可见一斑。足球受到诸多大学生的热爱和追捧，可足球运动本身极为激烈，运动强度也大，在参与过程中易发生安全事故。所以，本节将就当前高校足球教学中存在的安全因素做分析探讨，并提出几点解决措施，以为当代大学生创设一个更为和谐安全的运动环境。

一、高校足球教学中存在的安全因素

（一）内部因素

首先，学生个人因素。足球是一项高强度的体育项目，学生运动时若没有做好相应的准备动作或运动时间长，会出现体力不足、肌肉易拉伤等状况。足球对学生速度与柔韧度、反应能力与协调度等各方面的要求都相对较高，虽然有很多学生对足球项目十分喜欢，但是显然他们没有充分意识到自己的身体素质或许并不适合参与足球项目的每个动作，所以有些学生肆意地模仿某些高难度动作，致使自己的身体出现不可测的伤害。尤其是在开展足球竞赛时，受其气氛影响，部分学生甚至还会去模仿某些球星的经典动作，因足球经验不足、身体素质差，自然是得不偿失，不仅没能踢出好效果，身体损伤程度更是不断加深。

其次，学校重视不够。当前阶段，很多高校并没有构建起完善的足球教学安全体系，且很多高校即便是建立了相应的体系，但这些制度大都是流于形式罢了，并没有将其落到实处，这种重形式的安全体系，自然无法起到真正的效果。高校还需努力提升对足球教学的重视程度，方能制定有效的措施保障学生在足球教学过程中的人身安全。

最后，教学组织不严谨。足球教学过程中，体育教师占据着主导作用，教师教学灵活，能根据学生所需展开相应的教学模式，自然有利于推动学生身心健康成长，让学生对足球产生极大热忱。只是就当前高校体育教学组织形式来

看，很多高校体育教师的专业化程度不高，缺少系统化的培训学习，也未能根据学生各方面差异来采取相应的教学，而是标准无差别式的教学，对学生足球的学习进度缺少了解，一切都跟随着自己的计划走，学生显然会跟不上进度，且前面的基础也未曾打好，在实际训练中易受伤。

（二）外部因素

首先，天气因素。足球运动以户外为主，季节天气变化易为足球运动埋下安全隐患，雨水天气使足球场变得湿滑，而盛夏太阳火热，又易令学生中暑等，这都会对学生身心安全造成影响。

其次，训练不合理。足球运动开启前，合理的热身训练是极其重要的，必须让肌肉群保持适当收缩状态，使身体能对激烈体育运动逐渐产生适应。若是热身不充足，在足球运动过程中就容易受伤，同时也要求学生能充分掌握踢球的技术动作，只有这样才不会在踢球过程中对自己或他人造成损伤。可事实上，部分体育教师与学生对热身运动并不重视，只是随意摆动几下动作，就直接投入运动中，而且技术动作也缺乏规范性，并没有达到标准要求。

最后，作为体育教学开展的根本物质保障，场地与体育设备设施的安全性尤为重要。当前阶段，还有很多高校足球场地并没有将人造或天然草场等引进来，部分高校建设场地时，也未能根据相关部门的规定来建设。同时，高校在场所的管理上，也没有将管理工作人员职责准确说明，更没能定期对场地展开维护，而使用频率高，自然也就加大了安全事故的发生率。

二、高校足球教学安全因素的解决措施

首先，科学设计教学内容。为了吸引学生参与足球运动的注意力，体育教师应当设计多元化的教学模式，让学生能自觉调动能动性，参与到足球知识与技术技能的学习过程中。同时，教师开展教学时，应当立足学生身心发展规律，防止安全事故的发生，例如，教师可组织关于足球安全运动的主题活动，并选取一些明星比赛的真实案例来做剖析讲解，基于技术视角的讲解，既能让学

生汲取知识，还可加深学生对知识内容的印象。此外，足球运动是团体性的活动，多人的参与难免发生肢体上的磕碰，因此教师也需科学组队，加强对学生的团体训练，不管是在队形、站位还是其他方面的训练都应做出明确规定，在开展足球竞赛时，更不能忽视对学生基础技能的强化训练，通过循序渐进式地学习训练，能让学生领悟到团队合作的意义，并减少因团体活动而引发的事故率。

其次，合理安排运动训练。足球教学必须立足实际教学目标，更应当根据学生的学习状态来安排适当的运动量，避免学生承受不了运动负荷。第一，教师应科学安排好热身运动，让学生做好运动前的韧带拉伸准备，这一训练可借助慢跑开展，通过慢跑充分调动学生神经、内分泌系统。教师需做好安全教育工作，通过板报宣传、开设讲座等各种形式，来强化学生的安全意识。第二，高校应针对学生的身体健康状况来制定一套档案管理系统，定期对学生的身体做检查，明确学生是否适应足球这种剧烈运动，然后根据所得运动数据来调整教学模式。在正式投入运动之前，要求学生要自行或互相检查护膝是否带好、鞋带是否松了等。第三，教师必须为学生做足球运动知识及其运动中可能会发生的损伤做充分讲授，并立足学生心理发展特质，来开展相应的心理辅导建设，让学生在运动时能果敢往前冲，亦学会保护自己，降低最大伤害。第四，学生参与足球运动，需具备较强的运动能力，足以对抗足球所带来的激烈冲力，若没能拥有较强的身体素质，在运动时就易受伤。所以，为了让学生能更好地应对足球运动中的安全风险，强健学生体魄就尤显重要了，特别是易受伤的膝关节与腰部等部位的力量与韧带训练，教师可通过单杠悬垂、仰卧起坐等方式进行力量柔韧训练。

最后，做好事故应急、场地设备工作。高校足球教学需设置一些应急雨雪天气或酷暑等天气的解决措施，避免学生在足球场练习时，遇到这些突发现状却不知该如何处理，只能傻等受伤。同时，教师对与运动相关的一些医学常识，即当学生运动受伤时所需做的基本处理应充分了解，这样若是学生不小心发生了比较大的安全事故，在等待救治时，教师也能及时做处理，防止状况恶化。

此外，学校以及相关部门要切实强化足球场与相关器材设备的管理，特别是要认真清理场地中存在的一些石块或其他尖锐物等，尽量定期对场地进行检查，还有查看相关器械设备是否呈现老旧化、会否威胁到学生安全，只有将体育场地设备等充分完善，才能让学生在平整、安全的场地中展开体育训练与足球竞赛，让学生在良好环境中进行踢球。

素质教育背景下，高校对学生终身体育精神的培养也尤为重视，足球教学的开展不仅能强健学生体魄，还能让学生在掌握足球知识的同时，获得团队、竞争意识、思维创造力等方面的提高。但是，因为足球作为高强度的运动，在参与过程中不可避免地会存在各种安全隐患，所以这也就要求高校体育教师能重视这些问题，努力提出解决措施，为学生创设一个良好的运动环境，更好地进行足球训练。

第四节　高校足球教学中的人文素质教育和关怀

在高校体育蓬勃发展的大背景下，人文素质教育和关怀成为丰富高校体育文化内涵和推动校园体育良性发展的关键所在。本节立足高校足球的教学实践，以实践教学过程中专业技术练习和人文素质提升的兼容和并包为切入点，探求适合高校足球人文素质教学的对策和建议。

高校是塑造大学生人格魅力的重要阵地，而在这块阵地中，校园体育承载着对大学生人格形成、文化熏陶和环境营造等多个方面的重任。近几年，伴随着国家对校园足球发展重视程度的逐步增加，校园足球在体育文化传承和人文素质培养方面的重要性也逐渐凸显出来，然而，在高校足球教学的各个环节中，“重技术，轻人文”的现实问题仍然普遍存在，足球项目本身的文化内涵在教学过程中很少被提及，借助足球项目培养大学生团结协作、情感规范的主动性较低。面对这一现实问题，如何在足球教学实践中寻求技术提高和人文素质提升的多层次、多维度的教学手段，则成为高校足球教学在今后教学改革中的发展方向。

一、高校足球教学中人文素质教育和关怀面临的问题

形成校园足球文化的墙报展示平台，以《天下足球》中的足球经典纪录片为核心内容，在体育馆进行宣传和展示，弱化足球竞技色彩的同时使更多的学生了解足球项目背后深层次的文化内涵。

（一）常规课堂时间内的动力不足和空间过窄

高校体育教学的改革由来已久，但改革的侧重点更多的是集中在教学手段和方式上，其目的也是使学生更好地掌握体育技能，而在改革进程中对体育教学的人文素质关怀的思辨不够，在足球教学中对学生的人文素质理念灌输的主动意识也相对缺乏。

目前，绝大多数高校在足球教学过程中，仍然以传统教学模式下的教师教和学生学为主要模式，在整个教学过程中，单向授课模式下的师生互动时间非常少，这一系列问题直接导致足球教学改革中针对人文内涵塑造和学生素养提升方面的措施非常有限，教师在常规时间内来进行人文素质教育的时间非常有限，改革的空间也无法进行扩展，这一系列问题的背后就是高校足球教学人文内涵缺少的真空。

（二）传统意识和观念下的生存依赖和竞赛杠杆

唯成绩论主导下的竞技色彩在很长一段时间内占据着我国竞技体育发展的主流，这种畸形思想也长时间充斥着校园体育的整个发展进程，尤其是足球这项高强度、强对抗的比赛项目，竞技体育下的生存依赖现象极为严重，校园内的竞赛杠杆问题尤为突出。学生接触足球的首要目的就是提高技术水平，在这样的大背景下，校园足球人文素质的培养和灌输就显得尤为困难，无论是从教师角度还是从学生自身出发，更多的是把人文素质提升看作口号，通过足球教学实现人文教育的手段不仅单一，达到的效果也非常有限，人文素质培养和校园足球的蓬勃发展之间格格不入。

二、坚守中的特色开拓

校园足球的人文素质环境创造和足球教学中人文关怀手段的丰富不仅是一个长期的、系统的工程，更需要工程中各个要素和主体之间能够兼容并包，相互理解，在教学改革进程中，以人文素养提升为核心理念，形成足球教学改革中人文素质提升的特色开拓。

首先，政策引导，拓宽足球教学中人文素质教育和关怀的整体生存空间。目前，高校在足球教学改革方面的举措虽然多，但真正落实到实际，具有可操作性的相应措施非常少，而以提高学生人文素质和内涵为目的的相应手段则更加有限。究其原因，上级主管部门和学校层面的不重视是主要原因，以政策为导向，形成足球教学人文素质教育的有效手段，拓宽人文内涵提升的生存空间，成为未来校园足球人文环境创造的关键所在。

地方相关主管部门应该和高校之间形成合力，寻求校园足球文化内涵和社会人文素养提升的契合点，打造符合大学生特点的足球文化交流平台，引导大学生在认识足球、接触足球这项运动的同时，形成对足球文化认识的正能量，为校园足球教学改革中人文素养的融入打下基础。

高校应该结合学校实际，形成校园足球人文内涵提升的独立空间，借助相应资源，形成校园足球人文素质发展的独立渠道，以足球教学为平台，引导学生在学习足球技术的基础上，更好地去挖掘足球项目的深层次内涵，形成学生团结协作的意识和完善的情商和人格魅力。

其次，思想释放，扫清足球教学中人文素质教育和关怀的时空阻力。思想束缚是校园足球教学中无法更大范围推广人文素质教育的一大原因，而这种思想的禁锢来自两个方面，其一方面是足球项目自发明至今所固有的竞技色彩和对抗本质，而另一方面，则是教师对于人文素质培养融入足球教学中的怀疑态度。所以，释放思想，扫清时间和空间两个方面的阻力，就成为实现足球教学人文素质教育和关怀的关键所在。

以足球教学班级为单位，形成班级内的主流足球文化特色，并以此为基础，推动不同的足球班级在足球人文素质方面的交流和融合，拓宽学生接触足球和了解足球的空间面，丰富整个学校足球教学人文素质教育体系。

营造足球教学中人文素质培养的氛围，教师要将和人文素质提升相关的内容融入整个教学中，有计划、有目的地向学生灌输相应的人文理念，促使学生在学习过程中能够感受到足球项目所独特的人文魅力。

最后，人群拓展，形成足球教学中人文素质教育和关怀的空间优势。人口基数少是校园足球在普及过程中所面临的最大障碍，现如今，高校校园内爱好足球和热衷足球的学生越来越少，如何通过丰富多彩的校园足球文化宣传和文化活动吸引更多的学生了解足球运动，参与到足球运动中，是形成足球教学中人文素质教育和关怀空间优势的关键所在。

以足球教学改革为契机，增加不同形式的足球公选课，尤其是要增加以经典足球比赛、经典足球题材电影鉴赏为主要形式的公选课，丰富校园足球文化，从而使更多的女同学能够喜欢足球运动，增加校园内足球人口数量。

体育作为一种文化现象，任何一个体育项目的生存和发展都不能和时代的人文环境和特点相背离。未来，以高校为载体，以足球项目为着陆点的高校体育和文化教学手段必将成为体育文化价值向人文素质和内涵提升过渡的重要举措。然而，现阶段，在高校足球教学环节中实施人文素质教育仍然面临诸多问题和不足。

三、融合中的共性发展

首先，以点带面，形成足球人文素质教育的空间集团化发展。足球人文素质在其衍生、发展和壮大的过程中同样被赋予了不同层面的多元意义，内涵丰富，文化底蕴深远，特色鲜明，是校园足球文化的显著特征。在校园足球教学过程中，根据项目的实际特点，形成不同要素之间的流动和资源的配置，对校园足球文化的交流和发展以及学生人文素养的提升都有着极为突出的作用。在这个过程中，探索出二元的人文素养发展模式，搭建起“核心”和“边缘”学生在人文素养教育方面的交融渠道，从而使得整个足球文化价值在传播过程中更加具备空间优势，实现整个区域资源的优化和重组，成为未来发展的关键。

“核心”人文素养方面的“以点连线”的发展路径：一方面，不仅要突出足球人文素养在提升学生整体素质方面的主导地位，更要紧紧围绕足球项目的特色和内涵，打造该项目在足球教学过程中生机蓬勃的发展态势；另一方面，则是要更好地去强化足球人文素养在足球教学过程中的轴效应，实现不同教学内容下足球人文素养顺畅连接的融合语境。

“边缘”足球人文素养在发展过程中要实现资源流动和文化协商，在这个过程中，足球人文素养借助足球教学过程的推广和发展，必须要建立在对整个足球文化价值普遍认同的基础之上，不仅要营造边缘文化的共同体观念，也要营造整个地区网状发展体系下的功能延伸，从而使得整个校园足球人文素养的推广能够实现规模化并蓄和集团化的兼容，促使整个校园足球文化能够在品牌优势带动下更好地实现互补式发展，最终形成一个稳定的、优化的足球人文素养教育体系。

其次，分层发展，形成多层串珠型的全景空间规模，依靠学校力量，形成主辅分离、主次清晰的多层发展机制。校园足球文化和人文素养的多层发展机制应该以宏观政策为引导，以学校相关学生主管部门调控为辅助，以项目自身特点和适应人群为依据，形成主次清晰、主辅分离、以强为主、借强扶弱的多层发展机制。

突出社团力量，寻求协会带动下“串珠化”的特色发展道路。以社团的联合和重组为契机，提升协会对足球人文素养提升的包容能力和接纳意识，打造足球人文价值和素养在协会串联下的精品、特色的发展路径。

最后，媒介融合，营造全媒体时代下校园足球人文素养提升的时空传播优势。在媒介接近权广泛普及的“全媒体时代”下，“媒介融合”的多媒体发展战略不仅打破了校园足球人文价值普及和素养提升在信息互动过程中原有的时空壁垒和传统媒介的区隔，更能够促使足球人文价值在拓展的过程中由形式到内容直至传播理念的彻底而深入的革新。在这一过程中，需要在传统内容资源基础上实现新媒体数字化传播模式革新，形成相互融合又相互依托的多媒体、多角度、多领域的足球人文素养的时空传播范畴，打通在足球教学中的全域时空链接。

依托微信、微博等新网络媒体工具，形成双向传播渠道，实现校园足球人文素养和价值在时间旅程中传播的及时性和互动性。另外，突出个体对媒介使用的自主性和灵活性，推动自媒体时代下校园足球文化在网络空间内的发散式传播。

足球文化在校园内借助多媒体传播的语境应该是包括文字、声音、图片以及视频在内的多组符号资源的综合体现。在传统纸质媒体下，文字和图片所带来的直观效果明显，叙事性更强；而在新网络时代下，声音和视频的立体感觉更加突出。建构一个自成一体的多媒体、全角度、多领域的图片、文字和视频的媒介平台，有助于足球文化的传播速度更快、空间更广。

高校足球教学是学校体育的一个重要组成部分，在应试教育的大背景下，高校足球教学也无法摆脱功利思想的影响，长时间所形成的“重技术，轻人文”的弊病困扰着校园足球的发展。随着高校体育教学改革的逐步深入和发展，以足球教学为媒介的足球人文素养提升和足球人文价值普及的时机已经成熟，借助教学阵地，实现对学生在足球人文素养形成方面的正面引导和干预，就成为未来高校足球教学改革的重点所在。

第二章　高校足球专项课创新研究

第一节　高校足球专项课存在的问题

随着社会环境中足球热的不断升温，越来越多的人开始喜欢踢足球这项体育项目了。尤其是在大学里，领导会组织学生开展一系列的有关足球的活动，比如联赛、杯赛等。但是高校足球专项课仍然存在着很多的问题。本节就对高校足球专项课存在的问题及对策这一问题展开探讨。

如今很多高校越来越重视学生的体育发展，有些高校在体育教学的过程中加入了足球的训练。在学生比赛时，也会有啦啦队给他们呐喊助威。如今如何提高足球专项课的教学质量，达到应有的教学效果，以配合学生不断增长的对足球的兴趣，成为许多任课教师的目标。可是在教学过程中，有许多的问题在阻碍着这一目标的实现。

一、高校足球专项课存在的问题

（一）学生的原有水平参差不齐

学生们来自不同的地区，而每个地方对足球专项训练的要求也是不一样的。这造成了学生的原有水平参差不齐。很多学生足球专项训练的基础基本上为零，上高校足球专项课，教师也是给学生讲述一些基本的足球知识，以此来培养学生对足球的兴趣。可是这样会使得教学课程枯燥无味，而很多学生上足球专项课也只是想要学习到一些高级的踢足球的技术。在同一个班级中，也有不会踢足球的学生，这给教师带来了一定的挑战。如果教师对足球专项训练的内容安排得过于简单化，那么那些会踢足球的人，便会对课堂感到不满。可是如果教师对足球专项训练的内容安排得过于复杂化，那么不会踢足球的人便跟不上老师的讲课思路，从而也失去了对足球的兴趣。

（二）教学器材不完善

很多的高校由于没有过高的经费，因而也没有能力购置更多的教学器材，其中就包括足球专项课的教学器材，比如足球没有皮质的，全部都是橡胶的。而有的教师在给学生示范技术动作的时候，动作不规范，这也增大了学生控球的难度。

（三）体育课程安排较少

每个学校都会将教育的重点放在学习文化知识上，而对体育课程则安排较少。高中生是一周两节体育课，而大学生一周只安排一节体育课，每节课也只有 90 分钟的时间。因此教学时间比较短，教师在短暂的上课时间里没有办法给学生全面地进行讲解。如果教师讲授的技术动作太少的话，学生的技术积累速度便会减慢，因而无法满足学生对学习的要求。可是如果教师将技术内容讲得过多的话，那么学生练习的时间就不够了。

（四）学生的不良心理作用

如今随着社会的不断发展，人们的生活节奏也在不断加快，这使一些青少年感到特别困惑，也特别迷茫，不知道生活、学习的意义何在，久而久之，就会形成一种浮躁的心理。比如学生想在短时间里掌握大量运球的技术，因而忽略了足球技术的连贯性。学生虽然对足球有很大的兴趣，但是他们不愿意花时间去练习。这种心态既不利于学习，也不利于提高教学质量，达不到应有的教学效果。

二、高校足球专项课的对策

（一）因材施教

学生踢足球的水平是参差不齐的，踢足球的态度也是不一样的。因此教师在上课前一定要做一些简单的调查，然后在课堂上按照学生不同的水平来为他们划分小组，然后针对不同的学生安排不同的学习内容。比如第一节课，教师可以让基础比较差的学生练习颠球，而基础比较好的学生可以结合小腿和脚尖颠球。这样的话可以使他们踢足球的水平都能得到提升。对于教学内容教师要不断地创新，这样的话学生才不会觉得课堂是枯燥无味的。

（二）激发学生的学习兴趣

很多学生的特点是脚法偏差、球性不熟。因此学生一开始学习传球技巧的时候，由于没有球感，因而没有办法掌握踢球的动作和要领，这使得他们传球不准。所以在课堂上教师一定要激发学生的兴趣。比如，可以把运球技术放在课程的前面几节来为学生进行讲解，并且在每一节课上都要留出大量的练习时间让学生学习运球的技术。学生对足球接触多了也会提高他们练球的兴趣。这样长期下来，有利于学生掌握运球的技巧，同时也可以加快教师的教学进程。

（三）进行集中辅导

针对课程间隔时间过长而导致学生的技术动作遗忘比较快的问题，除了让学生在课下自觉练习外，同时教师也可以每周抽出一个课外活动的时间来进行集中辅导。教师在讲解的过程中，也要不厌其烦地对学生进行示范，然后让学生进行训练。

（四）丰富教学手段

教师在讲课的过程中，也要不断地创新自己的教学模式。比如教师可以利用校内的电化设备来为学生播放一些有关足球比赛的片段，让学生通过观看片段来总结出运球的技巧。

在讲课的过程中，教师不仅要不断地创新自己的教学模式，还要丰富教学的手段，以此来增加学生对足球的兴趣。教师要将每节课的内容都规划好，在每节课上都要给学生留出很多的时间，让他们进行训练，以此来提高他们的传球技巧。这也会提升高校足球专项课的教学效率。

第二节　高校足球运动负荷控制

足球运动作为一种极具对抗性的体育健身运动，受到世界各地人民的喜爱，是体育界最具影响力的单项体育运动。足球在我国更是外交中不可或缺的一部分，由此可见，我国对足球这项运动非常重视。足球运动具有运动性较强、动作灵活多变、强烈的对抗性等特点，主要考察足球运动员的体质和速度、耐力、灵活度等方面。这也是时下人们喜爱足球运动和高校足球运动开展的原因之一。高校足球运动的开展：一方面，可以培养大学生优秀的道德品质和塑造其良好个性；另一方面，还能够增强大学生的体质，从而促进大学生身心的良好发展。

大学时期是学生身心发展的重要阶段，然而时下我国高校学生的体能和身心健康程度较为低下。相关调查研究显示，近几年来我国高校学生的总体身心发育情况得到了一定改善，但是学生的耐力、体质能力、速度等指标明显下降，不懂得如何控制自身运动负荷，运动负荷的承受能力较低。运动负荷作为生理负荷的一种，包含运动量及运动强度这两方面。总体来说，当我们进行体育锻炼时，只有控制好自身运动负荷，并保持良好的运动负荷能力，才能够达到体育锻炼的目的，否则体育锻炼的效果便会大打折扣。

在现阶段我国高校足球教学中，教育者没有对体育课程制定系统完善的教学计划，并且往往忽略了学生体能的训练。学生不懂得如何控制自身运动负荷，对运动负荷没有概念，训练强度把控不到位。此外，教师在体育教学中，只懂得让学生进行体育训练，没有将学生的恢复训练作为教学重点，恢复训练系统的不完善会导致学生出现严重的运动负荷，甚至会产生运动损伤，不利于学生体能的恢复。

一、合理安排课程内容

高校足球教学中若想有效控制学生的运动负荷，需要从学生的个人特点出发，教师首先需要根据每个学生的运动负荷程度来制定当前课程学习计划和学习任务。在进行足球技巧讲解时，需要让学生懂得基础练习的时长及进度、新技能的练习时长及进度，以及恢复训练的时长及进度等。教师只有提前制定好教学计划，充分为学生进行知识讲解，才能够确保学生在进行体育训练时控制好自身运动负荷。教师在制订教学计划或训练计划时，一定需要注意训练力度由弱到强，避免学生运动负荷较高而造成身体损伤的现象发生。控制学生的运动量和运动强度，若增加相关运动量则需要降低运动强度。例如，在进行射门技巧的学习和练习时，教师可以将学生进行分组，围绕操场进行跑步热身，在热身完成后进行准备运动，主要锻炼学生的灵敏度和反应能力，以及身体各器官的协调性，然后为学生讲解射门动作的相关技巧及经验，教师可以为学生进行讲解示范，最后让学生分组进行射门动作的训练，在训练完成后再组织学生进行体能恢复训练。这一套完善的足球教学体系，可以保障教师在教学中，根据学生的实际情况来控制其运动负荷，充分完善课堂教学内容，从而有效保障高校足球教学质量，满足体育教学健康性发展的要求。

二、使用多元化的教学手法

当前我国高校足球教学手法较为匮乏，过于循规蹈矩，不仅不能有效激发学生的学习热情，甚至使部分学生失去了学习兴趣，所以当前我国高校足球教学应借鉴国内外先进教学手法，变换打法，采用多元化的足球教学模式。传统足球教学中，教师一般是先进行足球知识技能的讲解，然后让学生去不断重复练习，以达到使学生掌控足球技能的目的。这种单一的教学模式，对学生运动负荷的增长没有一点作用，反而会降低学生的学习积极性。有关调查资料显示，在运动负荷的控制中，主要以休闲娱乐为主，能够使学生得到充分的休息，因此教师可以借鉴游戏教学法。例如，将学生进行分组，通过小组抽签等形式来决定出场顺序、进行技能竞技训练等，通过竞技训练教师可以有效培养学生的进攻意识和观察能力、身体协调性和团队协作能力等，能够使学生在游戏中获得充分学习，不断提升自身足球技能的掌握程度。教师在学生进行竞赛的同时，还可以根据学生之间的动作连贯性等方面来进行评价，发现不对的地方进行指正，对优秀技能可以进行表扬，并指导同学之间进行学习。学生之间在进行竞赛时可以轮流进行休息，从而更好地控制学生的运动负荷，充分满足学生的学习热情，有效提升其学习积极性。

三、合理安排休息时间

足球课程教学对场地和器材的需求较高，同时由天气变化而导致的运动负荷过高的情况也时有发生，所以教师需要根据季节性情况来确定学生的学习训练时间，以最大化降低学生的运动负荷。例如，夏天天气较为炎热，教师应该尽可能减少学生的外出训练时间，以避免学生中暑事件的发生。另外，教师可以将一部分的体育课程时间单独处理，当作基础训练的时间，其他的时间则安排学生进行一定的娱乐项目，不断提高学生的学习积极性，避免学生对学习出现排斥心理。

四、体能恢复训练

体能恢复训练对学生控制运动负荷，降低训练后的运动负荷都具有促进作用，没有恢复训练的体育运动系统是不健全的，学生在进行足球技能训练后往往会感到身体疲劳乏累，教师需要依据学生情况来给予其针对性的放松训练，避免由于过量的运动负荷导致其出现身体不适的情况，甚至产生运动损伤。此外，教师也需要挑选恰当的体能恢复训练方式，例如，让学生在进行训练后做一些小游戏，学生可以在相互按摩的基础上，尽快解除疲劳的心态，并吃一些高蛋白的食物来提高自己的能量供给。最后阶段，教师则让学生广泛学习关于体能恢复方面的知识，并有效掌握体能恢复的方法等。

综上，现阶段我国高校足球教学中，首先，教师需要合理安排学生的运动负荷，使其懂得如何控制自身的运动负荷，并在体育训练学习结束后进行体能恢复训练，有效保护自身机体，从而达到强化自身体质的作用，有效提升高校足球教学效果。换句话说，教师需要合理安排高校足球课程教学任务，保障学生的身心健康发育，使其接受科学合理的足球训练。其次，教师在教学过程中，需要根据人体运动负荷的过程和身体恢复进度规律来对学生的训练强度进行掌控，只有这样才能够有效提升学生的足球运动技能水平。最后，教师应根据当前时代背景，不断强化自身专业知识技能储备能力，变换教学模式，创新教学手法，结合每个学生的实际情况来探索研究多元化的教学手段，从而有效激发学生的学习积极性和学习热情，提升其学习兴趣，充分强化高校足球教学效果，不断推动高校足球教育的可持续发展。

第三节　高校足球课程教学中的德育渗透

足球课程教学蕴含着丰富的德育因素。大学生是我国社会经济发展的重要力量，应当具备较强的政治素质与良好的道德品质。基于此，高校应当挖掘足球课程中的德育因素，将德育教育渗透到足球课程教学中去。本节首先简要阐述了高校足球课程教学现状，然后分析了高校足球课程教学中德育渗透的基本策略与关键点。虽然近几年校园足球运动的蓬勃发展在一定程度上提高了当代大学生参与足球课程教学的积极性，但“重技能，轻德育”的问题依然未能得到解决。

一、高校足球课程教学的现状

近年来，我国体育事业取得了蓬勃的发展，校园足球运动如火如荼地普及与开展，这让当代大学生看到了参与足球学习的重要意义。然而，长期以来，受传统体育教育教学观念的影响，我国很多高校的足球课程教学都偏重对学生足球技能的传授，而忽视对学生思想、政治和道德等方面的教育。另外，不同高校在教学理念、教学条件方面存在不同，因此在足球课程教学中关于德育的渗透，其渗透程度也有很大的差异。另外，相比排球、乒乓球、游泳、体操等体育项目，我国足球运动发展较为缓慢，这使得我国高校足球课程教学的开展面临一定的障碍。

二、高校足球课程教学中德育渗透的基本策略

（一）足球教材中的德育渗透

足球教材是开展足球课程教学最重要，也是最直接的载体。足球教材中的德育渗透，需要高校对现有的足球教材内容进行拓展，增加德育内容。德育内容选择，包括我国悠久的足球运动文化、国内外足球名将的成长经历、足球竞赛规则、足球赛事观赏礼仪。为了增强教育性，德育内容要适当选取一些国内

外反面案例。教师要把教材中隐含的、富有足球职业道德的内容和元素挖掘出来，让学生体验与感受，从而获得道德认同。教师要根据足球课程标准、教学大纲、单元教学和教学课时，梳理出足球运动与当代大学生政治素质与道德品质的契合点，在具体教学中发挥足球课程的德育功能。

（二）足球活动中的德育渗透

教师要定期组织各种课外活动，如主题活动周、班会活动、社团活动、社会实践活动等，落实足球课程教学的德育功能。教师要以德育作为主题组织各类活动，让学生通过观赏、参加活动，体会足球运动的特点及其德育功能。丰富多彩的活动能够让学生更加真切地感受足球的德在哪里、足球课程教学如何培养德，以及足球课程培养哪些德。

（三）足球训练中的德育渗透

在足球训练中，学生很多时候以小组团队形式进行训练。在团队训练中，小组成员之间偶尔会发生一些言语冲突、肢体对抗的情况。当出现这些情况的时候，教师应当从德育角度对学生进行教育。在训练中，教师要善于观察每个学生在课堂上的表现，及时处理各种道德问题，因势利导地对学生进行表扬或批评。

（四）足球俱乐部教学中的德育渗透

目前，俱乐部制教学已经成为高校足球课程教学的重要模式。相比传统的课堂教学，俱乐部教学突破了时间与空间的限制，给予教师与学生更大的自由。足球俱乐部活动中的德育渗透，主要体现在俱乐部制度中的德育渗透以及俱乐部赛事活动中的德育渗透。前者表现为新入会员的政治素质与道德品质考评，考评差者不允许入会；会员在俱乐部活动中必须遵守俱乐部规章制度，如团结友爱、诚实守信等；对政治素养与道德品质良好的会员给予奖励，可以是物质奖励，也可以是精神奖励。后者表现为俱乐部会员在各类足球比赛，尤其是校外比赛中必须表现出良好的政治素养与道德品质。

（五）足球人才培养中的德育渗透

高校足球课程教学的目的有两个：一是以足球运动为锻炼手段，增强大学生的体质，促进大学生的健康发展；二是激发大学生足球运动的潜力，为我国职业足球运动的发展培养后备人才。近年来我国积极开展的校园足球运动，就是培养足球后备人才的重要举措。与大众足球相比，职业足球对运动员的政治素质、道德品质要求更高。纵观当前的大型足球赛事，不仅仅是足球运动员技战术的较量，还是足球运动员政治素质与道德品质的“切磋”。但凡高水平足球运动员，不仅足球技战术高超，而且政治素质与道德品质良好。关于这一点，我们可以在这些运动员赛前、赛后采访与个人生活中得到验证。基于此，高校在足球后备人才培养中应当格外重视对运动员的德育渗透。

三、高校足球课程教学中德育渗透的关键点分析

（一）始终坚持“以人为本”的教学理念

在足球课程教学中，教师应当将“以人为本”理念贯穿教学全过程，并将其作为教学工作开展的重要准则。在教学中，教师要充分尊重每名学生的主体意识，肯定他们在教学活动中的主体地位；要尊重学生对德育学习的需求；要根据每位学生的思想实际、政治素质与道德品质发展现状，有针对性地为他们设计最佳的教学方案；要重视学生对自身德育教学提出的意见与建议；要明确德育的对象是全体学生，而不是个别学生；要从发展的视角对学生进行教育，不仅要让学生形成终身体育意识，而且让他们懂得在终身体育健身中需要时刻保持高尚的品德修养。

（二）始终把握时代脉搏，培养社会主义建设的合格人才

2004 年初，国际足球联合会确认足球起源于中国。自中华人民共和国成立至今，足球运动一直都是高校体育教育教学的重要课程，旨在促进大学生身心健康，挖掘足球人才。立足新时代，“全民健身”与“健康中国”战略已经上升为国家战略。大学生作为我国未来社会经济发展的中坚力量，应当担当起推

动“全民健身”与“健康中国”战略深入发展的重要力量。而大学生若想成为这种“力量”，不仅需要具备丰富的足球理论知识以及熟练的足球运动技能，更需要具备良好的政治素质与道德品质。

（三）逐渐从“渗透”上升为“贯穿”，再上升为“主导”

与世界体育强国相比，我国足球运动发展虽然比较缓慢，但我们不能只看到足球运动的竞技性，而忽视足球运动的教育性。当前，我国在积极构建和谐社会，全社会各个领域都在积极加强德育力度，以适应我国社会经济发展的需要。理解了这一点，各高校就应当逐渐加强德育在足球课程教学中的渗透，这种“渗透”不是简单的“片面介绍”，而是始终“贯穿”到足球课程教学中，然后逐渐“主导”足球课程教学。需要指出的是，德育从“渗透”到“贯穿”再到“主导”，是一个长期的过程，它需要高校管理者做出科学规划，并由教师严格执行。在足球课程教学中，教师需要付出长期坚持不懈的努力。为了增强德育效果，高校应当加强与社会企业、学生家庭的合作，形成德育合力。

（四）积极参与足球运动对大学生的身心健康与道德素质发展具有重要意义

高校作为培养高素质人才的摇篮，应当根据当今社会企业对大学生品德素质的要求，重视足球课程教学中的德育渗透。在具体教学中，应从足球教材教学、足球活动组织、足球俱乐部教学、足球人才培养、足球学术研究方面探索足球课程教学中德育渗透的路径，以培养出符合我国社会经济发展的合格人才。

第四节　高校足球专项课教学团队的建设

本节在分析国内部分高校足球专项课程建设现状的基础上，围绕体育教学部的体育课程体系的建设，提出球类课程应推行组建专项课教学团队的教学模式。而如何组建教学团队，如何有效地管理教学团队，使其充分调动广大学生的学习主动性，体现“育人为本，健康第一”的新时代体育课程教育理念，是我们面临的重要问题。因此做好足球专项课教学团队建设和管理是促进学生全面发展的重要途径。

足球运动是一项难以统一行动的对抗性集体项目，足球运动的性质和比赛的特征决定了它的整体特征，包括团队精神、团队协作、团队意识等要素，作为足球教学实践主导者的足球专项教师，应该对学生教学团队的组建和管理进行认真的研究，并在实践中结合足球专项理论、技术技能等进行科学设计，有效地对学生足球专项知识技能的学习进行专业的指导，督促学生在团队学习过程中实现行之有效的运动参与，全面提高学生运动技能、身体健康、心理健康、社会适应等素质的发展。

所谓团队是由许多部分的个体组成的，各部分各自形成一个支持体系，以促使所有成员为一个共同目标而努力。一个优秀的团队需要团队所有个体的协同努力，如团队管理的彩虹效应，所有个体为团队发光发热。教学团队给予成员的归属感是基础，团队成员之间的认同感、责任感以及成员与团队领导之间的信任感是核心。教学的主导者、教学团队的拥有者——专项课教师，在专项课课堂教学中应组建学生学习团队，不能简单地进行分队，而是要深入挖掘教学团队的内涵。

一、研究对象和方法

（一）研究对象

本项目选取的研究对象是青岛理工大学公共体育课大一、大二年级选修足球专项课程的学生，共选择男生 700 名。

（二）研究方法

1. 文献资料法

通过中国知网和万方数据库输入关键词“团队教学”“高校足球选修课”“足球课程改革”等进行文献搜索，选取部分高水平文献进行梳理、汇总和提炼，发现当前普通高校体育课程中足球专项课教学过程中存在的问题，进而编制相关问卷和调查提纲，为本项目的推进提供坚实的理论基础。

2. 访谈法

根据本项目研究内容中的难点和重点，确定好访谈的提纲和内容，拜访北京师范大学、青岛大学、青岛科技大学和青岛农业大学等高校的足球专家和足球专项课任课教师，针对普通高校大学生足球专项课的现行教学模式存在的问题和团队教学的实践情况进行多方面的调查，为项目调查问卷的设计和实践性的研究广泛征求意见和建议。

3. 问卷调查法

针对普通高校大学生团队教学学生反馈层面设计调查问卷，对大一和大二年级足球选修课的学生进行发放并有效回收，回收后，对获得的有效数据进行统计，再对统计结果做进一步的分析和研究。

二、足球专项课现存的主要问题

（一）足球专项课课程设置问题

通过拜访北京师范大学和青岛部分公办本科学校，对普通学生足球专项课课程的建设要素进行了调查分析，大部分高校的普通学生足球专项课课程设置较为陈旧，课程内容还是传统的足球技战术，缺少对学生的团队建设和自主学习能力培养方面的描述，调查问卷显示学生对足球的兴趣较高，但团队意识、团队精神在课程设置和评价考核中缺少相应的项目。

（二）学生自觉性培养问题

在传统的教师示范、组织，学生效仿、执行的教学方式中，教师的工作量大，学生的互动性差，学生自身能力的挖掘缺乏，当前的课程设计和教学方法、方式都无法调动学生的主观能动性，对学生自觉性的培养不足。

（三）课余训练组织问题

足球专项课的学生和老师普遍反映仅仅通过每周一次的课堂教学无法实现学生全面技能技术的提高，而课余训练的组织和实施单靠教师无法完成，针对学生课余训练的评价也无法有效地实施，需要培养团队成员的归属感来改善现状。

（四）考评方法问题

传统的足球专项课考评办法单一，重在考察学生的足球技战术，而对学生的课外锻炼情况、团队意识、团队精神和组织管理能力等方面的考察不能全面顾及，考评结果不能公平全面地反映学生在足球专项课中的表现。

三、利用团队教学解决足球专项课存在的问题

首先，建立学习团队成员的归属感。19 世纪 60 年代现代足球运动于英格兰诞生，经历了 150 余年的发展进步，国际足球联合会在法国成立，这也标志着足球作为一项世界性的体育运动项目登上了世界体坛。在足球专项课的第一次分团队时，应让学生自发组织团队、确定团队的名称，队名的产生能够使学生内心建立团队意识，通过课前、赛前利用队名做出的一些仪式加强学生的团队归属感。归属感的建立一方面会促进成员之间的相互信任，另一方面也会使成员对团队的领导者认可度提升。

其次，确定团队领导者。完成学习团队的组建后通过团队成员的推选产生学习团队队长，作为团队的领导者，对团队的课堂内容的执行负责，由队长来落实教师交代的教学任务，组织并监督课余训练，并对团队成员进行课堂表现和团队意识等方面的考察，反馈给任课老师，支撑课堂评价。

再次，加强团队管理意识。学习团队的组建在实践教学中应当摆脱之前课堂教学中学生个体的管理模式，应加强团队管理的意识，充分发挥团队队长的管理能力和职责，从课前准备阶段、课堂内容进行阶段、课外训练阶段等各个课堂环节进行团队管理意识的培养，将教学团队的管理细化，并纳入团队的集体评定考核过程中，从而减轻任课教师的工作负荷。

最后，强化课堂习惯养成的教育。课堂习惯的养成是团队教学的重要环节之一，良好的学习、工作、生活习惯的养成是大学生成才培养过程中的基础环节。高校任课教师应强化课堂纪律、比赛规则意识和参与团队学习、比赛的协作意识，充分利用体育课堂教学这一有效、直接、有趣的环境和空间，着力强化学生良好习惯的养成，做到规范化、程序化、规矩化。

高校普通学生足球专项选修课的教学改革还有很长的路要走，必须坚持长期有效的探索与不断完善，从学校学院主管部门的决策者层面、教学实践的主导者层面、教学实践的主体层面构建多层面、多角度、多元化的团队教学模式，并借鉴国内外足球专项课团队教学成功的经验和成果，不断创新，勇于实践，整合资源，最大化挖掘课程的潜在价值，在教学实践中不断发现问题、解决问题，不断地完善高校足球专项课教学团队的建设，探索健康可持续的管理模式，有效地提高高校足球专项课的教学效率和实践效果。

第五节　高校足球文化的传播途径

足球运动是当代大学生非常喜爱的运动项目之一，足球文化是足球运动的重要产物。所以，许多学校在开展足球教学的同时，都对足球文化传播给予了重视，并在足球文化传播方面做出了积极的努力。本节首先简述了高校足球文化的内涵和传播意义，然后指出了高校足球文化的传播途径，希望能对高校足球文化理论建设和高校足球文化的发展有所帮助。

足球运动是一项群众基础雄厚的球类运动，在商业化运作下，如今，足球运动已经风靡全球。足球运动不是我国的优势项目，但是，中国足球运动项目是中国体育界最早推进职业化改革的项目。随着中国足球运动项目改革发展总体方案的实施，我国高校足球运动设施建设水平和教学水平都在不断提高。但是，高校足球文化建设、足球文化宣传和推广工作始终存在许多问题，这不得不引起我们的重视。

一、高校足球文化的内涵和传播意义

高校足球文化是高校体育文化的重要组成部分，高校足球文化是在高校足球教学和校园文化的基础上发展起来的。高校足球文化由足球规范文化、足球物质文化组成，它以物质、制度和精神为基本点，以大学生健康、快乐、陪伴的价值取向为核心，它在足球教学和校园足球运动发展中起着支撑和引导作用。足球运动是一项团体运动，它能培养学生不屈不挠的拼搏精神，而在足球运动中，每个人都要有一定的技战术能力，还要有团队合作精神和协作意识。足球运动的特质和属性，它对参与者的要求和作用，都在足球文化中得到了体现。在高校足球教学中，如果不关注足球文化教学，学生就无法了解足球运动的内涵和意义。如果不重视足球文化宣传和传播，也就无法带动更多的人参与足球运动，无法为足球教学提供良好的条件。所以，从某种程度来说，足球文化是高校足球运动发展的物质基础。所以，高校在开展足球教学的同时，要重视足球文化的建设和传播。

二、高校足球文化的传播途径

首先，在领导支持下，加大物质文化建设。物质文化是足球文化的基础构成，高校足球教学和足球文化发展都有一定的物质基础和物质支撑。缺少必要的物质基础，高校足球教学和足球文化发展根本无从说起。高校足球物质文化建设离不开领导的关心和支持，所以，高校领导要给予足球物质文化建设以大力支持，要在综合性人才培养目标引导下，加大足球物质文化建设，设立足球运动专项基金，建设专业的足球场地，完善校园体育基础设施，为校园足球教学和足球活动开展提供良好的条件。然后，高校应做好足球文化宣传工作，推动校园足球社团发展，如经常举办一些以足球为主题的活动，包括足球文化节、足球知识竞赛等，促进校园足球文化的交流和互动，使学生对足球运动有一个全面的认识。在条件允许的情况下，高校还应加大与兄弟院校的联系，开展一些足球文化交流活动，请一些专家、专业运动员来学校向学生普及足球知识，以推动足球文化与校园文化尤其是校园体育文化一起发展。

其次，推进教学改革，促进制度文化建设。任何一项体育项目都要有一定的规章制度，所有的体育赛事都要在制度规范下进行，足球也不例外。如今，高校足球教学和足球运动发展到了一定的水平，但是一些足球规章制度并没有得到全方位落实。究其原因，在校园足球改革过程中，足球制度文化建设没有同步发展。鉴于此，今后，我们应进一步加快体育教学改革的步伐，同时积极构建高校足球制度，根据有关的规章制度和学校学生实际情况充实足球制度文化的内容。例如，高校应以校园为依托，落实国家政策，按照体育与健康课程标准开展足球教学和足球工作，同时进一步完善足球人才培养制度，将校园足球纳入学校年度工作计划和发展规划，然后健全足球工作机制，以制度的形式将足球教学、课余训练、安全防护、师资培训等事项落实下来，并在校领导主持下开展校园足球工作，以推动校园足球文化的发展。此外，高校还应根据校园足球文化发展趋势，一方面保证体育教师在工资待遇、职务评聘等方面与文化课教师有同等待遇，另一方面制定科学的校园足球专项监管、奖惩制度，以提高体育教师的工作热情和责任感。

最后，开展足球活动，传承足球精神。校园足球精神文化是全面实施素质教育的有效载体，也是展现学校教育理念、教学特色的窗口。所以，在校园足球文化建设中，精神文化建设是不可或缺的一部分。高校足球精神文化建设的重点如下：一是丰富校园足球精神文化的内容，将不屈不挠、勇于拼搏的中华民族传统文化精神融入足球精神文化中去，用自律自强、团结合作的时代精神来教育大学生；然后，在足球运动中注重大学生团队协作精神的培养，在校园范围内利用校园广播、宣传栏、校报、校内网等弘扬足球精神，使大学生受到熏陶和教育；二是根据学校足球社团发展，打造具有学校特色的足球精神文化，展现学校学子团结协作、遵守纪律、听从指挥、齐心协力的精神风貌；三是以校园足球组织、社团为基点，举办足球嘉年华活动，开展校园足球文化活动和足球联赛，通过各种活动推动足球运动普及和足球精神文化建设。

综上所述，高校足球文化的建设和传播是高校体育教学管理中必须注意的一个内容。高校只有在国家、政府和领导支持下，积极推进高校足球文化建设，大力推进高校足球文化传播，才能打造良好的校园足球文化氛围，培养学生良好的意识品质，才能促使足球运动在高校更快更好地发展。

第六节　高校足球课程的思政教育功能

足球运动作为当今世界第一大运动，在促进大学生身心健康的同时，也渗透着思想政治（以下简称思政）教育。高校足球课程能将大学生在足球运动中产生的优秀品质迁移到社会生活中，这是独特的思政育人途径之一。本节通过对高校足球课程思政教育功能的开发进行探讨，对高校足球课程思政教育过程中出现的问题进行分析，并提出相应的对策，以期为高校体育课程思政教育功能的开发提供依据。

为贯彻落实全国高校思想政治工作会议的重要任务，推动“思政课程”向“课程思政”转变、“使各类课程与思想政治理论课同向同行，形成协同效应”，高校所有教学科目和教育活动，应以课程为载体，以立德树人为根本，充分挖掘蕴含在专业知识中的德育元素，实现通识课、专业课与德育的有机融合，从而将德育渗透、贯穿教育和教学的全过程，助力学生的全面发展。体育学科具有强大的传播功能，在体育运动中传播社会主义核心价值观，是体育学科特有的功能，也使体育运动中蕴含的思政教育功能是其他课程不可比拟的。

我国很多学者都认真研究了体育的传播功能。他们认为体育传播是人类以体育运动为媒介进行的一种传播活动，是体育的功能得以发挥的必经之路。体育现象或活动中无时无处不蕴涵着传播的现象或活动。在当今高校意识形态安全面临挑战的严峻形势下，高校体育课程采用多层次、多途径传播社会主义核心价值观意识形态。体育作为一种社会现象，在传播意识形态的过程中具有重要的作用。高校阶段是大学生形成稳定的世界观、价值观、人生观的重要时期。在高校阶段，应采取多种方式对大学生的思想意识进行渗透，以坚定大学生的信念。而高校体育课程对大学生思政教育的促进作用值得广大学者去研究。高校体育课程既能达到锻炼身体的目的，又可以在体育运动中向学生传播思想意识形态。因此，开发高校体育课程的思政教育功能，对高校课程思政教育的开展，具有重要的借鉴作用。

不同运动项目具有不同的思政教育功能。足球运动不仅能增强大学生体育锻炼的功能，使其达到身心素质提升的效果，还能利用足球团体类项目的形式，对大学生遵守规则、努力拼搏、意志力、德育、集体主义精神等非智力因素起到潜移默化的促进作用，达到改革与完善教育功能的目的。而这些功能和作用都是思政课程所要求的。可见，足球运动的思政教育功能尤为突出。因此，本节以高校足球课程的开展为基础，探讨高校足球课程的思政教育功能，为高校体育课程思政教育功能的研究提供依据。

一、高校足球课程思政教育功能的探究

首先，高校足球课程能够培养大学生的顽强意志和不断拼搏的精神。在足球课程教学和训练中，有诸多因素可以培养大学生的顽强意志，如足球运动需要的身体素质之一就是有氧和无氧耐力。在高水平的比赛中，快节奏的攻防转换需要消耗大量体力。相关数据统计证明，足球运动员一场足球比赛所跑动的距离在 10 公里以上，需要有氧耐力去支撑整个比赛，而不断的突破射门则需要强大的无氧耐力作为基础。诚然，足球运动员需要有氧运动作为整体的耐力基础，才能在高强度比赛中保持自身运动能力以期后动。而无氧耐力，更是需要运动员通过多次的训练而坚持下去才能完成。而这些训练是需要强大的精神动力才能完成的。因此，足球运动对运动员顽强的意志和不断拼搏的精神起到了促进作用。这和课程思政教学目标无疑是一致的。柏拉图曾说过“体育应造就体格健壮的勇士，并且使健全的精神寓于健全的体格”。

其次，高校足球课程能够培养大学生的规则意识。所有体育竞赛都需要公正公平的规则来保证，足球运动尤为突出。在万众瞩目的足球比赛中，全场数万名观众的目光聚焦在场上的几十名运动员身上，他们任何的行为都会被关注。足球竞赛规则左右着运动竞赛的结果和质量，其规范了足球技术动作和运动员遵守规则的意识。例如，起脚过高、背后铲球等会对其他人造成伤害，裁判则会判罚。因此，足球运动员的不良行为，如足球运动员在比赛中有各种侮辱性动作，根据足球裁判法都会被给予处罚。因此，规则使比赛更加公正、动作更加优美，进一步促进了足球运动项目的发展。大学生在进行足球学习的过程中，

要遵守规则。长此以往，会养成遵守规则的习惯，进而内化形成自身社会规范意识，并升华至精神道德领域。

再次，高校足球课程能够培养大学生合理的竞争意识。体育运动都充满着竞争，竞争存在于整个体育运动的全过程，足球是同场竞技类项目，其竞争更加明显。足球赛场上每个位置球员都会有对位。前锋对后卫、中场对中场，各个位置的竞争以及大方面的攻防转换瞬息之间都存在着竞争。所以，在足球课程教学中，不管哪个位置，都可以培养学生的竞争意识。一方面可以通过足球比赛培养学生的竞争意识，让学生发挥出自己高超的技术水平，合理地运用战术，击败对手，赢得荣誉。另一方面需要注意培养学生优良的竞争品质，避免不正当竞争。因此，经常性的足球比赛能使大学生在生理、心理上养成一种良好的竞争意识和奋斗精神。

最后，高校足球课程能够培养大学生的团队精神。当今社会，随着各个学科的融合和交叉以及社会分工的精细化，社会生产任务，需要一个全面有效的团队共同完成，单凭一个人单打独斗的时代已经结束。虽然个人才能也很重要，但团队组合、优势互补会更有效。在体育运动中也是如此，特别是以足球为代表的群体比赛项目，虽然个人运动能力很重要，但决定最终胜利的，往往是团队的共同努力。足球比赛中有后卫、中场、前卫、前锋等，他们都有明确的分工，只有相互配合、团结协作，才能取得比赛的最终胜利。教师在足球课程教学过程中，要让学生渐渐明白团队的重要性，团体比赛胜利属于整个团队而不是个人。长时期地进行足球练习，学生就会形成团队意识，以及具备为了团队集体利益而自我奉献的精神，他们共同享受成功的喜悦，共同承担失败的责任，而不是推卸责任，只有这样才能养成良好的团队精神和团队意识。

综上所述，根据“体育的迁移价值”理论，高校足球课程能使大学生自觉将足球运动理念。足球规则规范意识，足球运动中的道德水准、集体主义精神等上升为体育思想道德情感，实现思政教育的“内化”与足球课程的“外化”相统一。

二、高校足球课程思政教育功能开发存在的问题

（一）高校体育总体地位制约足球课程中思政教育功能的开发

长久以来，体育在我国高校的地位始终处于边缘化，各高校往往都在强调大学生的专业课以及思政教育理论课对大学生发展的重要意义，忽视了体育课对大学生全面发展的重要作用，更谈不上具体的体育课程对思政教育的重要意义。足球课程作为高校体育课程之一，蕴含着丰富的思政教育功能，但没有被各大高校所认识和认可。尤其是在当前高校毕业生就业压力大的背景下，高校更是将更多的教学工作重心放在了学生的专业背景能力的培养上。这种观念使得足球课程作为高校体育的一部分，只能沦为一种形式化的教材。

（二）高校足球课程场地、器材等硬件设施不完善

高校足球课程硬件设施的不完善是制约高校体育课程发展的重要客观因素之一，也是阻碍思政教育功能开发的首要问题。当前，高校足球运动需要的占地面积在所有体育项目中无疑是比较大的，且一片标准足球场只能满足少量学生的上课需要。建成的足球场地后期的维护及修葺费用比较高，许多高校将大部分的工作重心放在了专业以及科研上，资金也多是围绕这些方面展开的，致使其没有多余的资金完善足球运动设施，这就使得学生缺乏一个良好的体育学习的环境，学生在这样的环境下缺乏运动的客观载体，导致足球教学中思政教育的功能不能有效地发挥出来。

（三）高校足球课程教师的思政教育能力有待提高

高校足球课程中思政教育功能的开发和有效运用，对高校足球课程教师提出了更高的要求，体育教师在这样的背景下要具备一定的思政德育教化的素质，在体育教学中能够“以学生为本”，在尊重他们兴趣的前提下，以足球运动为依托，对他们进行德育、思政的渗透教育，但就实际情况而言，当前，大多数高校的足球课程教师还不能很好地具备思政教育的能力。一方面，课程思政教育的提出是最近几年提出的，广大高校教师对于什么是课程思政教育以及如何

开展课程思政教育尚不明晰。每门课程都有其自身的特色，如何在自己专业领域开展课程思政教育，仍需要广大研究者去探讨。另一方面，广大研究者对于体育课程思政教育的要点仍存在不同的看法和结论，没有统一的标准，无法用客观标准去衡量课程思政教育的效果。

（四）高校体育课程思政教育评价体系尚无标准

高校体育课程在“立德树人”方面的重要作用虽然已经被广大学者所认可，然而在实际的体育教学中，高校体育课程的思政教育功能却往往被教师“忽视”。这种“忽视”并非视而不见，而是不知道该如何去操作。其主要原因是高校体育课程教学对学生的体质和技能评定有明确的评价体系，但是对课程的思政教育功能却缺乏相关的评价指标。广大高校体育教师不知该用什么指标去评价自己教学过程中对学生思政教育的效果，导致高校体育课程只重视运动知识技能的评价而弱化了其思政育人的功能。在这种大环境下，足球运动作为高校体育课程的一个项目，也一直处于这种尴尬的局面。足球教师也不知道该采用哪个指标去评价教学过程中对学生实施的思政教育的效果。

三、开发足球教学中的思政教育功能的有效途径

（一）确立高校体育地位是开发足球课程中思政教育功能的首要条件

开发足球课程中思政教育的功能首先要明确高校体育教学对学生身心健康发展的重要意义。只有这样，才能使高校的领导、教师以及学生加强对体育课程的重视。在此基础上，高校足球课程教师才能有更高的热情，本着认真负责的态度在体育教学中更好地对学生进行思政教育内容的渗透。

（二）提高全体高校体育教师的思政教学能力

不光是足球教师，全体体育教师都是体育活动的主导人，因此，要想提高足球教学中的思政教育功能，体育教师首先要提高自身的思政教育能力，可以

通过参加课程思政内容的讲座或者培训来理解课程思政教育的内涵以及提升开发体育课程中思政教育功能的能力，只有这样才能够帮助大学生认识到足球运动中所蕴含的各种体育精神，并通过积极引导，让大学生更好地体验足球运动中所蕴含的思政教育内容。

（三）尽快完善高校足球课程思政教育评价指标

课程标准是衡量一门课程教学效果的重要手段。高校体育课程标准在广大体育工作者多年的努力下，已经比较完善。教育部也在不同时期对高校体育课程标准进行了制定并推广到各高校。每个运动项目都有自己的标准，足球也不例外。但随着课程思政要求在每个学科都要发掘思政教育的背景下，探索足球课程中蕴含的思政教育因素并通过量化的标准评价对学生的思政教育作用是亟待解决的事情。

（四）加强高校足球场地建设和文化建设

硬件设施是高校开展体育运动的首要物质基础，也是开发足球课程思政教育功能的基础，只有保证了物质基础，才能顺利开展体育教学活动，进而对学生的思想政治进行影响。另一方面，加强高校足球文化建设也是提升高校足球课程教学中思政教育功能的有效途径。为此，高校可以在全校范围内开展足球活动，号召全体师生参与进来，还可以通过举办足球比赛等方式开展足球文化建设。高校通过开展不同形式的足球活动，可以有效地拓展学生参加体育活动的渠道，从而在学生的参与过程中更好地对其渗透一定的思政教育。

第三章　高校足球教学模式创新研究

第一节　高校足球教学模式构建新思路

近年来，我国高校在足球人才的培养上下足了功夫，不仅青少年足球比赛开展得如火如荼，在学校足球教学改革上也配套出台了相关的政策。但是，由于我国足球教学相较于欧美等足球运动发达的国家起步较晚，足球教学模式上存在许多问题，要想从理论和实践上培养高素质的足球运动人才，就必须提出适合高校足球训练教学的新方法和新思路。本节立足于高校足球教学模式的创新必要性，从分析足球运动的特点入手，客观地就我国当前高校足球教学训练的情况加以阐述，并在此基础上进行教学思路创新的方法探究，以期提高我国高校足球教学的质量，缩小与世界足球强国之间的水平差距。

体育文化作为我国文化建设和发展的一部分，多年来一直是体育活动改革的理论基础，也是弘扬社会主义核心价值观和文化的重要章节。人们对体育文化的重视和理解程度，相较以前有了明显的提升，尤其是各高校在开展体育活动时，也更加注重体育文化的注入和传播。

一、高校足球教学模式创新的必要性

足球运动在我国古代时期就是青少年喜爱的体育项目，这一运动不仅能培养队员团结协作、密切配合的团队精神，锻炼自身的灵敏性，提高判断力，同时在极强的对抗环境中，球员的身体素质得到了良好的提高，心理素质也得到了加强。所以，足球运动的这些特点使得这项运动被广大青少年接受，并成为

我国高校较早的体育课程之一。

由于足球运动在世界上许多国家广泛开展，世界足球强国也多以非洲、欧洲等的国家居多，我国的足球水平受到了各项因素制约，多年来一直局限发展，突破性进展较少。为了尽快提升我国足球运动的整体水平，培养出一批技术过硬、综合能力强的足球运动员，我国应从多方面进行改革，而高校足球课程的创新改革就是其重要的一环。

创新高校足球课程教学模式，不仅能促使我国足球教学教育得到长足发展，确保我国足球事业稳步上升，而且对增强学生身体素质、提高学生足球技术、培养学生团队协作能力和竞争意识，也会有明显的作用。首先，新型的课堂教育模式，是站在培养全面发展的足球人才角度上的，在进行日常足球教学的过程中，开展足球钻研与探索教学，创新学习路径，使学生掌握更多、更全面的足球内容；其次，创新足球教学模式，改变传统课堂体育老师简单示范、学生被动学习的状态，能激发学生的学习热情和激情，更利于知识的记忆；最后，创新足球教学模式，利用课外知识和新闻对学生进行正向、积极的引导，能加深学生对足球运动的认知，从而树立学生学习足球的信心，培养他们的爱国情怀，立下为国争光的志向。

二、我国高校足球训练教学的现状

（一）教学观念落后

众所周知，我国高校体育课程教学采用理论和实践相结合的方式，旨在以理论学习指导实践活动，用实践学习检验理论，从而更牢固地掌握知识。然而，在实际教学过程中，不少教师抱着“完成任务”的态度上课，只要是达到教学工作目标任务即可，对教学效果和质量没有更高的要求，这难免造成教学模式创新不足，教学内容过于枯燥，学生的学习兴趣和热情逐渐减少。因此，“应试教育”的观念必须改变，先进的教学理念进入每位教师的课程中，势在必行。

（二）教学方法枯燥

教学方法作为传播理念和知识的手段，对学习效果起着直接的作用，行之有效的教学方法能使足球学习事半功倍。在高校足球教学中，教师往往采用灌输式、示范式的教学方法，向学生讲解大量的内容，学生被动接受老师所讲的内容，师生在课堂上的互动被打破，学生的主观能动性被剥夺，教学训练枯燥无味，单向的输入和输出并不能真正达到教育的目的。

（三）教学设施陈旧

足球训练场所、设施的完善是保证足球运动顺利开展的前提条件，然而我国大部分高校将足球场和体育场合并建设，从而导致足球场的许多设施遭到严重损坏，阻碍了足球教学的进行。因此，想要创新足球教学模式，必须从完善教学设施入手。

（四）教学资源不足

足球运动是一项竞技性、对抗性、观赏性都较强的体育项目，因此，足球教学存在较为普遍的一个现象是，一些学生对足球运动特别喜爱，而另一部分学生则特别不感兴趣，这种“两极分化”的情况让足球教学出现了不少的问题，进而导致了高校足球训练遇到不少的难题。另外，高校足球教学者的教学水平有限，也制约了足球教学的发展，比如足球教师或在专业领域里水平高深，但缺乏理论储备，抑或是教学仅停留在理论上，在实践教学上水平严重不足。这些影响教学的种种因素，都不利于我国顺利地开展高校足球教学。

三、创新高校足球教学模式的方法探究

首先，更新教学理念。先进的理念是从事任何行业、做好任何事情的前提，在教学行业中，教师如果具有先进的教学理念，对指导学生教学、提高教学质量至关重要。高校足球教学模式之所以发展缓慢，很大一部分原因是教学理念没有及时更新。因此，创新高校足球教学模式，要从改变教师的教学理念入手，及时组织教师进行教学探讨，提高教师的整体教学素质和水平。

其次，创新教学方法。足球运动是与时俱进、需要不断创新的运动，在足球教学上，对足球理论和技能的教学也应当及时更新，讲求“创新”。因此，在原有教学方法上，要发掘传统教学方法的优势，查找劣势，不断引入先进的方法和科学技术，比如在为学者讲解足球技术动作要领时，可以引入多媒体技术，通过播放足球资讯及足球技术动作分解视频的形式，去刺激学生的听觉和视觉感官，进而引起学生的学习兴趣，凝聚注意力，让其更有效地投入学习中。

再次，变革组织模式。“因材施教”的教学理念在我国素质教育中被广泛提倡，在教学过程中，教育者如果想要提高足球训练教学的质量，就需要对学生因材施教，了解各个学生的喜好、身体素质以及各自的优点、弱点，进而针对不同个性的学生，制定不同的教学方案。对学生因材施教，不仅能够有针对性地开展教学，使教学效果事半功倍，还能充分发挥学生的主体作用，体现教学的人文性。

最后，完善教学资源。除了在教学理念、教学方法、教学模式、教学团队等方面需要创新改革外，完善教学资源、配备现代化的足球教学设施、创新相关机制，也是提高足球教学质量的关键。相关职能部门不仅要在思想上充分重视高校足球教学课程，设计相关足球赛事，更要加大经费和人员的投入，为高校创建现代化、信息化、技术化的足球教学环境提供保障，使足球教学和实践计划能真正落到实处，给足球运动员创造在实战中提高自己的机会。

总之，我国高校足球教学目前仍然存在诸如教学方法落后、教学资源匮乏等问题，对高校足球教学课程的创新改革既是趋势，又势在必行。本节通过对高校足球教学课程改革创新的方法进行探究，希望能对提高我国高校足球教学的质量、缩小与世界足球强国之间的水平差距有所帮助，更希望我国的足球教育事业能有突破性的进展。

第二节　高校足球分层教学模式

在高校足球教学的过程中，教师教学的方式是面向全体学生的，并不能根据学生的实际情况展开针对性的教学，这也就在一定程度上影响了学生学习的积极性，导致学生对足球学习逐渐失去兴趣。而分层教学的模式则能够根据学生的差异展开有针对性的教育。本节主要针对高校足球教学中分层教学模式的构建问题展开讨论，首先从高校足球教学中实施分层教学的意义入手，然后对高校足球教学中分层教学模式的构建策略展开分析。

分层教学主要就是在教学的过程中，教师根据学生的学习能力以及兴趣爱好的不同，制定符合学生需求的教学计划，进而使得学生都能够在学习知识的同时得到个性化的发展。分层教学能够有效地激发学生的学习兴趣，提高学生的学习效率，进而使得学生能够在有限的课堂时间内掌握更多的足球技巧。在高校足球教学中加强分层教学的运用，使得学生都能够掌握扎实的足球基础，对学生的全面发展有着重要影响。

一、在高校足球教学中实施分层教学的意义

（一）分层教学模式有利于激发学生的学习兴趣

在现阶段高校的足球教学中，学生的学习兴趣不高是影响足球教学顺利进行的关键因素。而在教学中采用分层教学的方法，能够有效地增强学生的学习兴趣，调动学生学习的积极性。在分层教学的过程中，教师根据学生的学习能力对学生进行分组，并布置相应的练习项目，降低学生学习的压力，让学生能够感受足球学习的乐趣，进而使得学生都能够参与足球学习，促进教师教学效率的提升。

（二）分层教学模式能够促进学生的个性发展

在传统的足球教学中，教师教学的模式比较枯燥，学生只能够根据教师的思路进行练习，学习的过程比较机械化。在这种教学模式下，学生的思维得不

到发散，影响了学生的个性发展。而在分层教学模式下，教师要对学生进行分组。在分组的过程中，教师不仅要考虑学生的学习能力，还要对学生的兴趣爱好进行分析，将兴趣爱好相同的学生分在同一个小组，使得学生在学习足球知识的同时，能够发扬自己的个性，促进学生的个性发展。

二、高校足球教学中分层教学模式的构建策略

（一）帮助教师转变教学观念，为分层教学的顺利实施奠定基础

对学生专业能力的培养，为学生日后的工作奠定基础是高校教学的首要目的。这也就使得教师对足球这类与专业无关的课程的教学比较忽视，教师的这种教学观念，在一定程度上影响了学生的全面发展。为了能够转变教师的教学观念，促进分层教学的顺利进行，学校可以组织教师进行培训，帮助教师意识到足球教学对学生健康成长的意义，进而使得教师能够加强对足球教学的重视，为分层教学的顺利进行奠定基础。

（二）合理地对学生进行分组，增强教学的科学性，促进分层教学的顺利进行

在分层教学的过程中，对学生进行合理的分组是确保分层教学顺利进行的前提条件。对学生进行分组，首先就要求教师要对学生有全面的了解，能够根据学生的学习能力与个性差异进行有针对性的分组，进而确保学生都能够做到学有所得。在对学生进行分组的过程中，教师要将学习能力相似的学生分在同一个小组，进而降低学生学习的压力，增强学生学习的积极性。

另外，教师除了要对学生进行科学的分组外，还要对教学内容进行合理的分层。对教学内容进行分层，能够使得课堂教学满足较多学生的需求，进而确保课堂教学任务的顺利完成。在教学的过程中，对于学习能力和理解能力较强的学生，教师可以注重对其足球技巧的训练。而对于学习能力相对较差的学生，教师可以为其讲解更多与足球相关的基础知识，进而使得学生能够掌握扎实的基础，为日后足球技巧的学习奠定基础。

（三）坚持以人为本的教育理念，促进分层教学的顺利进行

在分层教学的过程中，学生的学习兴趣是决定课堂教学能否顺利进行的关键。在教学的过程中教师应该坚持以人为本的管理理念，注重体现学生在课堂中的主体地位，进而使得学生能够感受到学习乐趣。在教学的过程中，教师还要建立奖励制度，以此来激发学生的学习兴趣，促进分层教学的顺利进行。

另外，在分层教学的过程中，教师还要根据学生的实际情况对学生进行分层次的评价。尤其是对于学习能力较差的学生而言，教师的评价模式不当，很可能会对学生学习的信心造成一定的打击，影响学生的学习效率。所以教师在对学生进行评价的过程中，要根据学生的实际情况进行有针对性的评价，进而增强学生学习的兴趣，促进分层教学的顺利进行。

综上所述，在高校的足球教学中采用分层教学的模式，能够实现对学生的有针对性的教育，进而使得学生都能够在课堂的时间内掌握更多的足球知识。为了促进分层教学的顺利进行，教师首先应该转变教学的观念，加强对分层教学的重视，进而为分层教学的顺利实施奠定基础。同时，教师还应该合理地对学生进行分组，增强教学的科学性，并坚持以人文本的教育理念，对学生进行分层评价，进而增强学生的自信心，使得学生能够学习更多的知识，促进分层教学的顺利进行。

第三节 高校足球混合式教学模式

进入21世纪，以信息技术为代表的科学技术发展迅猛，有力带动了我国经济的快速发展，使我国跻身世界大国之列。当前，国际竞争归根到底是人才的竞争，教育担负着培养人才的重要使命。本节在介绍混合式教学的基础上，进一步挖掘混合式教学模式在足球教学中应用的必要性，进而构建出一套完整的足球混合式教学模式。

随着信息技术的高速发展，“互联网+”发展模式已逐步深入社会的各个领域。“互联网+教育”成为教育领域发展的新态势，各种对网络教学的研究也层出不穷。然而在网络教学实践中，由于受多种因素的制约，网络教学的效果并不尽如人意，无法完全取代传统课堂教学，在此背景下混合式教学应运而生。混合式教学融合了网络教学与传统课堂的优势，采用线上线下、同步与非同步相结合的方式，最大限度地提升教育效果。足球是高校体育的重要内容之一，将足球教学纳入混合式教学视野中，探索高校足球混合式教学模式，是推进高校体育教学改革的创新之举。

一、混合式教学概述

混合式教学是充分利用网络学习与课堂学习二者优势的教学方式。学生可以通过网络资源，如视频、网络文献、音频等来进行学习，在学习中遇到问题时，能够在线下课堂中与老师交流沟通，在解决问题的同时实现了课堂效率的最大化。在混合式教学发展过程中，教学模式逐步呈现出本地化的特点和倾向，小规模限制性在线课程（Small Private Online Courses，SPOC）是慕课（Massive Open Online Courses，MOOC）教育本校化的产物，使学习呈现出网状交叉、即时互动的特点。小规模限制性在线课程能够有效整合网络教学与传统课堂教学，使二者达到优势互补的最佳状态，为教师提供一种高效的教学组织形式，教师能够有效掌控和调节教学过程，提高教学质量和教学效率。因此说，小规模限制性在线课程为高校教学带来改革动力与机遇的同时，也为广大教师提出了新的挑战。

二、混合式教学模式在足球教学中应用的必要性

（一）高校教育教学改革的内在要求

高校是人才培养的重要基地，如何提升人才培养质量，是高校教育教学改革的关键。在当前网络化、信息化的大背景下，将信息技术引入教育领域是高等教育改革的一大趋势。《教育部关于加强高等学校在线开放课程建设应用与管理的意见》中也指出，高校领导必须清楚且深刻地认识到信息技术对教育教学所产生的影响，高校应着力建设和使用在线开放课程来推进教育教学改革，促进信息技术与高校教育教学融合，提升教师的融合意识、能力及水平。

2013 年，中共十八届三中全会逐步确立了教育信息化的战略地位，首次将教育信息化写入《中共中央关于全面深化改革若干重大问题的决定》。2015 年，李克强总理在十二届全国人大常委会第三次会议中首次提出“互联网 +”行动计划，推动了各类在线教育的发展，成为教育行业的热门话题。2018 年，教育部印发《教育信息化 2.0 行动计划》，提出教育信息化 2.0 的概念，使教育信息化再度升级。

无论是教育信息化还是“互联网 + 教育”，二者有着相同的内涵，就是充分利用信息技术实现教育教学改革，改变传统的教育教学模式，使教育行业能共享科技发展的先进成果。混合教学模式契合教育信息化及“互联网 + 教育”的发展趋势，适应教育改革的要求，将在今后的教学实践中焕发出强大的生命力。

（二）足球教学发展的需要

传统的足球教学常常采用“教师示范—学生模仿—巩固练习”的教学模式，虽然这一模式也能在足球教学中产生一定的效果，但也存在着诸多弊端。第一，受学生人数的影响，教师无法顾及每个学生，指导的针对性与个性化不强；第

二，由于个体素质的差异，学生对动作技能的领悟和掌握速度也不相同，有些学生难以在短时间内掌握动作技能，致使其无法适应班级教学的整体进度。第三，传统的足球教学模式以教师讲授和示范为主，教师成了课堂教学的中心，削弱了学生的主体地位，学生难以有效建构足球相关知识与技能的内化路径，这将直接影响教学效果。

基于足球传统教学的弊端，将混合式教学与足球教学相互整合，能够充分发挥网络技术的优势，不仅能够使学生更直观、生动地学习足球技术动作，还能对技术演示视频进行回放和慢放。对于技术动作中的重难点，可以定格到某一画面，进而对技术动作进行深入细致的剖析，使学生更加精准、规范地掌握技术动作。如果学生在学习过程中仍有无法解决的问题，可以在课堂中及时向教师提出，由教师进行详细讲解。这样一来，学生学习的兴趣与主动性不断提升，能够更加扎实地掌握足球相关知识和技术动作。在具体教学中，教师可以选择学生喜爱的球星的技术来分析和讲解，使学生在轻松愉悦的学习氛围中掌握足球运动的精髓，从而更加高效地完成课程的学习目标。

三、足球混合式教学模式的构建

教学模式是基于教学理论的相对固定的教学活动框架与程序，能够从宏观上掌控教学活动及教学各要素间的内部关系和功能。足球混合式教学模式建立在混合式教学相关理论基础上，融合了传统足球课堂教学与在线教学的优势，结合高校足球教学的特点与实际情况，将“先教后学”的学习过程转变为“先学后教”，即教师提前设计教学活动，引导学生对课程内容进行自主学习，教师再根据学生的学习情况，组织课堂教学，并在课后引导学生进行知识的巩固与延伸。足球混合式教学模式共包含两大部分。

其一，线上教学活动。教师在课前结合学生的学习特点与学习情况认真研究所要教授的内容，将相关教学内容，如教学视频、电子课件、电子文献等整理并上传至本校小规模限制性在线课程平台。教师应提前一周发布导学方案，要求学生自主学习相关资料、参与网上课程讨论并完成单元测试。在学校独立的小规模限制性在线课程平台上，助教将实时对学生提出的问题给予解答。当然，学生在线上自主学习的过程中，教师也应进行必要的引导与监督。

①观看教学视频及资料：学生根据教师在网络平台上发布的相关学习内容，通过网络平台进行在线学习，自行观看教学视频和其他学习资料，为下一步参与网上讨论与完成单元测试做准备。

②参与网上讨论：教师会在网络平台的“课堂交流区”中设置与学习内容相关的问题，并发起讨论。学生可以根据个人的兴趣选择参与讨论的问题，此时后台将对学生的讨论情况进行评分。学生只有参与并回复本课程的讨论才能计算成绩。发帖总数及回复有效数量超过 20 条（包含 20 条）则为满分，即 20 分。教师分 5 次发布对每一教学内容的讨论题目，如果每次讨论都为满分（20 分），则网上讨论环节的成绩为 100 分。

③完成单元测试：当每一单元的教学任务完成后，教师需要设置单元测试，帮助学生复习和回顾本单元的学习内容，使学生能够将所学知识融会贯通，自行建构单元知识体系。每次单元测试共设置 10 道题目（5 道判断题和 5 道选择题），每题计 1 分，共 10 分。足球课程共设有 10 次单元测试，满分为 100 分。

其二，线下课堂教学。在进行线下课堂教学前，教师应首先对学生进行分组。将一个大班 50 名左右的同学，随机分为 6 个小组，每组 8 人左右，并选出一名组长。学生在线上学习活动的基础上，以小组为单位展示线上自主学习的成果。其他同学与教师对其学习成果进行点评，然后教师综合学生学习情况及网络平台讨论问题的完成情况，对学生学习过程中的重点和难点进行有针对性的讲解与示范。教师在这一过程中可以为学生提供个性化的指导，促进教学目标的达成与实现。课后助教会将学习过程中的重难点问题及典型问题发布到小规模限制性在线课程平台上。

①翻转课堂展示：学习成果展示环节，可采用翻转课堂的方式。教师随机选择一个小组，通过 PPT 进行学习成果的展示，每次展示需推举小组内的不同成员。小组间可以进行交叉提问与回答。教师根据选中小组的准备情况、课上完成情况及问题回答情况，对其进行打分。未被选中的小组给满分，即 10 分。

本门课程共设置 17 次翻转课堂展示，满分为 170 分。

②深化教学内容：在翻转课堂展示环节结束后，教师需要对本课的内容进行总结和归纳，将同学们提出的典型问题给予详细的分析与解答，另外还可以结合学生熟知的或贴近生活的案例拓展和深化教学内容。

③发布课堂精华：教师根据学生的学习情况，总结课程内容和疑难问题。线下课堂教学结束后，助教将相关内容发布到学习平台，方便学生们复习和巩固所学内容。

综上所述，足球混合式教学模式综合了线上网络教学与线下课堂教学的双重优势，是体育教学适应信息化趋势的必然要求。探索足球混合式教学模式能够大大提高学生的学习效率，推动体育教学改革的深入发展，从而为国家培养更多创新型体育专业人才。

第四节 高校足球合作学习模式

本研究以高校足球教学为切入，贯彻“合而不同、踢出高效”的教学理念，从教学模式的创新处出发，主要分析合作学习模式在高校足球教学中的相关性，并根据实际教学现状，与传统足球教学方法进行比较，分析合作学习教学模式在高校足球教学中的优势，最后有针对性地提出创新应用策略。

合作学习教学法是以开展和组织同质小组为基础，从而形成小组活动单位，结合学生之间的学习习惯、学习方法等进行资源分享，最终建立学生间的互动交流空间，创造高效、生动、有趣的课堂教学氛围。研究表明，足球项目是现阶段非常受高校大学生欢迎的体育类型之一，参与人数多、学习思维和模式较为发散。由于我国高校体育教学模式较为传统，在足球教学方面没有形成统一有效的教学理念，因此导致课堂教学效率低下，往往需要组织学生进行传导，浪费了大部分的课堂教学时间。鉴于此，本节以高校足球教学为切入点，分析了合作教学与传统教学之间的差异性，提出了合作学习在高校足球学习中的优势，并总结和提炼了其在高校足球学习中的创新应用与开展的策略。

一、合作学习模式在高校足球教学中的相关性

（一）提升大学生对足球基础知识的掌握

任何一门学科教学都应首先从理论出发，因此理论知识的掌握能够在脑海中产生学科背景知识，同时也能够激发学生的学习意识，提升学生的学习兴趣。传统的高校足球教学，主要以实践为主，借助学校操场的大空间，开展模仿式的足球教学，这种教学模式较为固定，重复性容易导致学生失去学习兴趣。鉴于此，合作学习模式的提出，打破了传统的以教师为主导的课堂教学模式，学生之间的互动交流更加频繁，教师主要起到了引导和组织课堂纪律的作用，最终将足球课堂基础知识的传授以合作学习的方式完成。

（二）提升大学生对足球基本动作要领的习得

足球基础非常关键，其一是基础的理论知识背景，如比赛规则、比赛流程、足球出球、停球等关键的动作要领；其二是实践的过程，实践是理论的升华，是提升实践技能的关键。在足球技能的评价过程中，足球基础动作即基本功是重要的评价标准，学生应在足球实践教学的过程中，适应各种多边形的学习环境，做好基本功练习。合作学习可以根据学生的学习能力和现状，安排合理的基本动作实践练习的时间比例，能够让学生间形成互动交流，用基础理论引导基本动作的熟练掌握与练习。

（三）提升大学生对足球理论与实践的认知

不同大学生学习差异性的主要原因是认知水平的差异，如在足球学习的过程中，对基础的理论知识认知能力高的学生，会很快地形成一套适宜自身学习的方法和模式，并逐步地在实践过程中进行检验；对于认知能力差的学生而言，学习和记忆方法较为套路化，不系统，导致理论与实践无法很好地融合。因此，在合作学习的过程中，教师应按照课程教学的目标和计划，积极主动地营造互动交流的学习空间，提升学生的认知能力。

二、合作学习模式的优势分析

（一）提高学生的学业成绩

足球学习技能方面的调查研究显示，在用脚垫球和头顶球的技术测试中，参与合作学习模式的学生的成绩要明显高于传统的足球教学模式。这主要是由于合作学习的教学模式，在评定学生学业成绩的过程中是按照进步程度来衡量的，这样可以形成一个进步的空间系数，让所有的学生都能够看到自己学业成绩的进步情况，进而在这个过程中提升学生学习的自信心，激发学习的兴趣。因此，合作学习能够将同一个班级内不同学习成绩的学生充分调动起来，实现了课堂教学资源与学习动机的平等性。在合作学习模式的教学过程中，学生之间互动交流的频率加大，交流空间不受限制，每个学生都可以充当教师的角色，互相传授学习经验，大大降低了差生过于焦虑的学习状态。

（二）促进合作学习关系的和谐

合作学习可营造和谐的课堂学习环境，使学生间并没有优生与差生之别，在互动交流的过程中更加随意，学习关系更加友好和谐。在促进合作学习关系和谐的过程中，生生之间、师生之间的伙伴关系尤为重要。教师与学生之间也可以展开和谐的合作学习关系。教育是一个互相学习、取长补短的过程，有时候加强师生间的互动，教师也会吸收学生创新的思维，启发教学灵感，提升教学工作效率。这样形成的合作学习关系是民主的，合作学习交流氛围是和谐的。

（三）大大提升教学效果

在足球教学合作学习的过程中，应借助足球项目本身团体性活动、集体意识感应较强等特点，只有这样在学习的过程中才不会孤立存在，因此合理地搭配和构建学习小组，对教师提升教学效果具有至关重要的作用。另外，在合作学习的过程中，往往会建立“我为人人，人人为我”的学习思想，这既极大地提升了学生的学习效率，又建立了多角度的学习与教学互赖关系，为教师提升教学效率打下了坚实的理论基础。

三、合作学习模式在高校足球教学中的创新应用策略

传统的教育教学模式已经不适应当前大学生学习的需求，他们更加渴望营造愉悦的课堂教学环境，尤其是在以户外教学为主的足球学习中。在足球教学的过程中，应以合作学习为主要的创新模式，将学生的体能、智力及知识点融为一体，并且培养学生的团结精神，营造良好的课堂教学氛围，提升学生的主动学习意识。在有条件的高校中，可以开设户外体育教学选修课程，组建足球校队，与其他学校的足球队进行比赛，从而激发学生的学习兴趣。基于此，本节提出了合作学习模式在高校足球教学中的创新与应用的相应策略。

（一）异质分组，合作学习

在高校足球课程学习中，兴趣固然重要，但并不是学习成绩好坏的决定因素，因为良好的学科基础理论知识加上积极主动的户外实践，才是足球学习成绩提升的关键。本节由此提出了异质小组，即在班级学生内，教师根据学生的学习现状、学习的自觉性与主动性来进行分组学习，将全班同学组成一个共同学习的群体，主要营造互动交流的学习氛围，让每个学生都成为小组内彼此的老师，营造有问必答、互相督促的学习环境。例如，在足球学习中，身体协调性、柔韧性是踢球技术提升的关键，因此在日常的学习中，教师可以指明课堂教学的重点，然后对学生展开分组，学生之间互相分享锻炼身体柔韧性和协调性的方法，最后商讨出一套最适宜的方法，统一练习，这样不仅提升了学生之间的互动交流，同时能够加深学生之间的友谊，扩展人脉，扩大自己的交际圈。

（二）分层教学，生生互动

高校学生间身体体能、协调性、柔韧性等的不同造成了学生在足球学习中的基础条件的不同，因此教师应根据学生的基础条件，在教授内容及课堂技能教学难度划分上进行分层，形成分层教学模式。这样在合作学习的过程中，更加具有针对性，便于不同层次的学生理解和学习，缩小不同层次间学生学习能力的差别。课堂教学过程中，互动学习是必然，同时也是提升学习效率的重要方法。“生生互动”和“师生互动”都是当前教师课堂教学的主要方式，也是营造良好的课堂教学氛围的关键手段。例如，在足球课外教学分组对抗的过程中，在合作教学模式中教师可以参与进来，按照实际的需求教师可加入某一小组中，与其他小组成员展开足球分组比赛。在整个的对抗及比赛的过程中，教师一边专注于比赛过程，一边在比赛中观察学生的技术动作，并在场上及时告知学生技术动作的规范化，应如何改进。这种在户外比赛的过程中，加强师生互动学习交流教学模式，能够针对性地提出学生动作是否规范，提高了学生学习的积极性与主动性。“合作学习”的模式，并不是要求学生机械式地参与小组学习，而是要求学生要以主动的态度，积极投入小组内同学之间的互动交流中，在交流的过程中取长补短，并结合实践教学活动，改正相应的学习短板，提升自主学习能力。

（三）科学实施足球合作学习中的分组

分组是合作学习流程中的第一步，也是印证合作学习高效化的重要内容，因此作为教师，在合作学习分组的过程中，应熟练掌握学生的学习基础条件、体能、学习兴趣等，可以按照学习兴趣、学习成绩及可和谐相处学生进行分组，这样教师可以针对不同层次的小组，分配不同难度的学习任务，让小组内的成员都能够带着信心去完成。虽然，分组的类型多种多样，但是分组后学生间的交流与互动都是合作学习的基础。同时，教师在分配相应的教学任务的过程中，可以依据学习内容的难易分配给不同人数的小组来完成。例如，较易完成的任务可以由 2 人组成的小组完成，较难完成的学习任务可以由 3 人组成的小组完成等，这样能够提升小组内学生学习的自信心。在足球小组分组的过程中，最常见的就是 2 人一组，这样在户外课堂教学的过程中，小组内成员可以观察到对方的技术动作，防止因小组内成员过多而对技术动作的训练产生一定的干扰性。

在科学实施分组的过程中，教师应提前做好分组准备，同时应提前进行备课，给每一个学生准备的时间，可以在分组后设置一定程度的提前学习思考量，这样能够体现出思考的价值。最后，在同一小组内进行学习经验分享，实现学习资源的优化与创新。

（四）开展课后合作学习模式

在正常时间段内的合作学习是调动学生学习兴趣，激发教师的教学灵感的重要模式，因此不同时间段、不同学习环境的设立，会增强合作学习的效果。例如，主要以室内教学为主的学科，学生们在课后学习的过程中，都会到图书馆排队阅读，提升自身的学习能力。而作为主要以户外为主的体育学科教学，足球学习也可以开展户外合作学习，这种合作学习模式是自发性的，当然也可以邀请教师加入其中，这样不仅能够借助课外时间锻炼身体，同时能够通过合作学习，联络师生、生生之间的感情，增强在分组对抗足球学习中的默契感，营造良好的团队合作学习环境。课后合作学习是基于学生对足球学习的兴趣进行的，并不是以应试教育为主的，同时在课外合作学习的过程中，由于缺少课堂纪律的约束，会常常发生学习争论的过程，这也是正常的，只要争论的方向是足球学习，那么说明大家都想在课外合作学习中，提升足球学习能力。对于不同的争论点，可以分组进行整理，然后在课堂答疑时间分小组提出，询问解决的方法，教师应及时更新教学模式，紧跟足球教学思路，针对学生提出的问题，尽可能地进行知识点的外延，进而实现开阔学生学习视野的目的。

第五节 高校足球课内外一体化教学模式

随着我国高等教育体系的不断完善，各高校的专业设置和特色课程都更加趋向多元化，给大学生提供了丰富的教育资源和发展空间。高校一直以来都非常注重体育教学各类课程的开展，通过开设多样的体育项目，不仅有效地提高了高校体育教学质量，还更加符合当前学生的实际需求，有助于我国高校大学生身体素质的提高。足球作为比较传统的高校体育教学项目，在组织教学的过程中其相应的教学模式比较单一，这在一定程度上影响了高校足球课程的教学水平和组织效率，因此我们有必要对高校足球的教学模式进行创新。本节就主要围绕“课内外一体化”这一新的教学模式在高校足球教学中的应用进行相应的探讨分析。

我国“阳光体育运动”这一理念的提出，得到了各级各类学校的积极响应，而我国的高等学校作为优质教育资源和优秀人才的聚集地，除了要让学生在学校教育中获得专业技能和知识之外，更重要的是要让学生拥有健康的体魄，让当代大学生走出教室、走出寝室，积极地参与到体育运动中来，真正地实现学生的全面发展，只有这样才能真正地承担起为社会主义建设服务的责任。在此基础上，高校还可以发掘有潜力的足球人才，为我国足球事业的发展提供动力和人才支持。为进一步提高当前高校足球的教学质量和教学效率，要求高校必须要对教学模式进行一定的突破和创新，做出教学目标和教学方法的调整。

一、高校足球课内外一体化教学模式产生的原因

当前高校在组织足球教学的过程中普遍存在着教师的足球教学方式过于单一的问题。许多教师为了尽可能多地让学生掌握一定的足球理论知识和运动技巧，在课堂教学的过程中往往采用讲解和示范的方法来进行，这就使得学生一直处于被动地位，没有充分考虑到学生的实际需求，很容易让学生丧失对足球的兴趣，不利于教学水平和效率的提高。

高校在进行足球教学的过程中往往会忽视教学课堂内外之间的联系，其根

本原因就在于学校和教师对足球这项运动还存在着片面性的认识，单纯地将足球作为一项教学活动来进行安排，最终的考核形式和评分标准也比较单一和僵化，把足球看成了一项教学任务，那么就很容易出现“重课堂，轻实践”的问题。长此以往不仅不能实现足球教学质量的提高，也不利于当代大学生身心健康的全面发展，严重地制约了足球教学的有效性。

当前高校在进行足球教学实践时还往往存在着缺乏师资力量和资金支持的问题，这也是阻碍高校足球健康发展的关键因素。许多高校现有的足球教学师资力量和教学团队与实际的教学需求并不相符，有的足球教师一人需要带好几个专业的学生，在教学上难免有些吃力，会对教学质量和效率产生一定的影响。另外，高校足球在教学的过程中更加强调专业化，那么除了专业技能的传授，更重要的就是要有专业的足球训练场地，但是出于教学经费的限制，许多高校现有的足球场地并不规范，从而影响了足球教学的有效开展。

二、高校足球课内外一体化教学模式的优点

（一）有利于足球教学质量的提高

高校在组织足球教学的过程中，运用课内外一体化的教学模式有利于切实地提高足球的教学质量。所谓的课内外一体化教学主要就是实现足球教学课内和课外的联系，让学生在学习足球相关的理论知识和专业技能时不必局限于短短的一节课内，而是能够在课外获得更多的实践和锻炼的机会，这样就不至于出现教学与实践脱节的现象，学生能够在课外丰富的足球活动或足球比赛中做到学以致用，将课堂上学习到的知识和技能充分地加以利用，从而实现足球教学理论和实践的统一，真正提升教学质量。

（二）有利于加强教师与学生之间的联系

高校足球课内外一体化教学模式的探索有利于加强教师与学生之间的沟通和联系。高校足球教练在足球教学的过程中起到了关键和核心的作用，但是由于目前许多高校所配置的足球教师存在人数不足的情况，教师平时承担的教

学任务是比较重的，单纯依靠课堂教师很难把一些足球上的小技巧完全地传输给学生，留给学生的足球技能训练时间也比较有限，而通过实行课内外一体化教学模式，教师就能够有充足的时间给学生进行相应的指导，或者直接通过组织足球对抗赛的方法让教师了解到学生学习中存在的不足，进而在课堂中加以指正。

二、高校足球教学课内外一体化教学模式的意义

（一）创新高校足球教学方法

高校要实现足球教学质量的提升，就必须要打破以往的教学模式和方法，更加深入地探索课内外一体化教学的实施策略。首先，教师可以从创新足球教学方法入手，尊重学生的主体地位，有效地引导学生的学习兴趣。教师在组织课堂教学的过程中，要采用讲练结合的方法，在对相关的技术动作进行基础示范之后，要留给学生充足的自由练习时间，可以分小组进行动作练习，教师要在一旁给予专业性的指导。其次，为了提高课堂教学效率，教师还可以引进相应的足球游戏，比如颠球传球，就类似于击鼓传花，还可以采取小组对抗的方式练习过人带球，教师可以进行趣味性的奖惩，这样学生不仅得到了足球专业技能的训练，又能够快乐地融入足球教学课堂之中，大大地提高了学生的积极性和参与度，也提升了高校足球教学的有效性。

（二）实现足球教学课内到课外的延伸

高校足球教学课内外一体化教学模式改革的本质和内涵就在于实现教学理论和实践的统一，因此在足球教学的过程中必须要做到教学由课内到课外的延伸。学校要充分地利用起课余时间，比如周末等，来组织校际的足球比赛，鼓励学生踊跃参与，这样学生既可以在课外活动中享受足球运动的乐趣，又可以深化对足球理论知识和技能的掌握和理解。另外，各高校还要充分地利用社团组织的优势，成立相应的足球兴趣社，来帮助高校足球教师对相关的足球训练

和足球活动进行组织、协调。同时社团组织还能够起到良好的宣传作用，吸纳更多的足球爱好者共聚一堂，有利于足球教学的健康发展。

（三）培养专业教练员并设立专项资金

高校在探索足球教学课内外一体化教学模式的过程中，还必须要有专业的教练员和一定的资金作为内在的动力支持。高校必须要重视专业足球教练人才的引进和培养，可以与当地体育局进行合作，定期聘请专业教练员进行教学指导。另外学校还应针对足球教学设立专项资金，主要用于足球场地的建设、足球器材的补充以及各项足球比赛的支出，从而体现高校足球教学的专业化程度。

第六节　高校足球“三位一体”教学模式

足球运动以其独特的魅力和健身价值成为我国全民健身的重要组成项目，它也是高校体育教学的重要资源和高校新课程改革的重点研究项目。目前足球教学模式呈现百花齐放的态势，如分层次教学模式、快乐式教学模式、渐进式教学模式等，虽然对促进高校足球教学起到了一定的积极作用，但同时我们也应该注意到，上述这些教学模式依然以教师为主体地位，而学生依然处于课堂教学的从属地位，并未体现出我们国家素质教育以人为本的理念。“三位一体”教学模式正是基于以人为本的教育理念构建的，该教学模式将视、听、动觉等器官有效地结合，在教师的指导下，找出足球运动的特点和规律，自主学习、自主练习，改变传统足球教学中重教授而轻视学生学习的情况，努力培养学生练习足球的兴趣，突出高校足球教学中学生的主体地位，切实落实高校体育新课程改革要实现的要求，以真正实现素质教育。

一、“三位一体”教学模式的内涵

“三位一体”教学模式的内涵是指教师在组织教学的过程中，将理论知识的传授、学生实践能力的培养和未来学生发展的需求三者有机结合，形成知识、能力和素质一体化的培养模式。其实质是学生将教师传授的知识系统化、实践化从而发展自身素质的过程。其中，理论知识的传授主要是在原有的知识基础上，将新知识构造在原有知识框架当中，形成系统完善的理论体系；学生实践能力的培养是指学生将系统的理论知识应用于实际活动当中，并通过实际活动来验证理论知识的准确性；未来学生发展的需求（素质发展的需求），是指学生通过实践不断地完善理论知识，形成丰富的实践经验，进而形成发现问题、解决问题的能力。

二、“三位一体”教学模式的优势

（一）有利于培养学生参加足球运动的兴趣

教学学家维果茨基认为人类最好的教师是兴趣，是学生学习一切的动力和源泉，教师在教学过程中要努力激发学生学习的兴趣，并使这种兴趣持之以恒，成为长久的动力所在。“三位一体”教学模式是集视、听、动于一体的教学集成模式，学生通过观看足球比赛视频，对运动员的技术动作进行模仿，并反复练习。这种教学模式既能够帮助学生练习足球动作，又能够形成轻松愉快的足球练习氛围，真正意义上实现了高校足球教学的良性循环，最终实现学生身心素质的全面发展。

（二）有利于培养学生的自学能力

相关研究表明，采用了“三位一体”教学模式的学生，其足球运动水平明显比采用传统教学模式的学生高出一筹，无论是在同一动作的学习时间上，还是在动作的准确度上，都存在明显的优势。分析其原因，“三位一体”教学模式下的教学，教师充分利用现代多媒体技术，积极引导学生观看比赛视频，分析比赛动作，并将技术动作利用多媒体技术拆分开，深入细致地与学生剖析，有利于学生的探索和思考，有利于调动学生学习足球的积极主动性，使得学生能够在最短的时间内熟练地掌握足球运动基本技术和战术，了解足球运动的制胜规律，为其今后体育锻炼奠定良好的基础。

（三）有利于培养学生的教学能力

在“三位一体”教学模式中，分组教学是其重要的组织形式之一，每一个小组每节课都要选出不同的教学学生，该同学将带领组织大家进行足球的教学练习，该同学的动作示范和足球理论知识都将得到极大的锻炼。通过分组进行学生教授学生的练习发现，教学学生的足球运动水平明显提高，正好印证了教学相长的教育学原理，教学学生的选取可以选择随机原理，也可以采用轮流制办法，总之要充分使每一名同学都参与到足球训练当中，激发其练习足球的兴趣，形成良好的学习氛围。

（四）有利于培养学生的创新能力

在足球教学中，学生的创新能力主要体现在比赛期间技战术的使用上，而优秀的技战术是学生足球理论知识、实践能力和比赛经验的累积，“三位一体”教学模式的核心便是在系统的足球理论知识基础上形成实践技能，并通过实践来完善理论知识，通过理论与实践的结合，形成丰富的实践经验，这样学生在比赛过程中才能灵活应变，找出足球制胜的规律。

（五）有利于培养学生良好的人际关系能力

当前在校大学生已经全部是“90 后”通过走访调查发现“90 后”的大学生有明显的人际困扰。相关研究表明，长期参加足球运动的学生，相对于没有参加过体育锻炼的学生自信心明显加强，而采用“三位一体”足球教学模式的学生，明显比采用传统足球教学模式的学生，更加自信。究其原因，采用了“三位一体”教学模式的足球教学，学生之间、师生之间更加和谐，团队协作更加广泛、足球学习期间更加积极、乐观，尤其是分组教学后，小组内部是互相帮助、互相学习的氛围，同学之间也是相互借鉴，在培养足球兴趣的同时，也培养了良好的人际关系。

（六）有利于促进学生身心的全面发展

“三位一体”足球教学模式突出了学生的主体地位，教学的基础是学生练习足球的热情，正是基于此点，虽然“三位一体”足球教学训练的密度和强度都高于传统足球教学，但是由于采用了视听动技术，激发了学生练习的热情，使得学生从内心更加愿意练习，克服了疲劳、痛苦，不觉得枯燥乏味。研究表明，长时间集中注意力，人的精神上极容易产生疲劳，精神上易产生懈怠，这也是传统足球教学效果不佳的原因。“三位一体”足球教学模式充分尊重学生的主体性，注重足球教学过程中的娱乐性，能够促进学生身心的全面发展。

四、采用“三位一体”教学模式应注意的问题

“三位一体”教学模式要求教学过程中要充分体现学生的主体地位，因此教师在整个教学过程中处于从属地位，只要在适当的时候对学生进行引导即可，例如，在观看视频等足球资料的时候，指出技术动作的重点、难点，并有针对性地将学生分成若干小组，鼓励小组内部成员互相帮助、团结创新。在“三位一体”足球教学模式的初期，教师不易对学生设定过高的目标要求，教师在教学过程中要给予学生更多的积极鼓励。

“三位一体”足球教学模式能够激发学生学习足球的兴趣，培养学生的自学能力和教学能力，有利于学生形成良好的人际关系，促进学生身心健康发展，是高校体育新课程改革下，实现素质人才教育的重要途径。

第七节　普通高校公共足球 2+1 教学模式

在普通高校的公共足球教学中，实行足球选项课、足球运动欣赏课和训练学生足球队的 2+1 教学模式，能够形成球场与课堂互补、课内与课外结合的教学机制，满足学生对足球知识和技能的不同层次的需要，激发学生的学习兴趣，有效提高足球教学质量，也可为其他专项教学提供有益参考。

足球运动是世界第一运动，由于参赛人数多，技战术复杂，对抗激烈，观赏性和趣味性强，集智慧、勇敢及身体全面锻炼于一身，深受大学生喜爱。笔者在公共足球教学中，依据《全国普通高等学校体育课程教学指导纲要》确定的课程目标，结合学生和体育场地的实际，进行了一些探索和思考，初步形成了开足球选项课、足球运动欣赏课和训练学生足球队的 2+1 教学模式。这种球场与课堂互补、课内与课外结合的教学模式，能够满足学生对足球知识和技能的不同层次的需要，有效激发学生学习足球的兴趣，提高足球课的教学质量。

一、以足球选项课奠定学生足球运动的基础

（一）科学确定教学目标

足球是大学生非常喜欢的运动项目，选修足球课的学生尽管人数多、兴趣浓厚，但整体水平偏低，且参差不齐，大多数学生的“踢球年龄”偏大，已错过了学习技术动作的最佳时期。根据学生实际，确定足球选项课的教学目标：通过课程学习和实践活动，使学生了解足球运动的基本规律，掌握足球运动的基本理论、基本方法和基本技能，达到一定的运动技能水平；教育学生树立正确的体育观、养成勇敢顽强的作风和团队精神。

（二）精心组织教学活动

为了实现教学目标，教师应针对学生实际情况，精心组织教学活动。

1. 适当调整教学难度

按照足球课程教学大纲的要求，技术教学所占比重偏大，作为非体育专业

的学生，身体素质和基础都相对较差，难以达到要求。适当降低教学内容的难度，先从基本技术开始教起，防止专业化教学倾向，使学生消除畏难情绪；稍有起色后则由易到难，由简单到复杂，逐步上升到由几个基本技术组成的配合，进而形成基本战术，并增加战术的训练安排，从而巩固基本技术。

2. 根据学生差异因材施教

教师可以根据每个学生的技术基础、身体素质等具体情况确定教学内容、教法、运动负荷，提出具体的要求，以增强他们学习足球的信心，克服自卑情绪。在技术战术教学中，教师可以根据学生自身的条件，将学生按场上的不同位置分为前锋、前卫、后卫、守门员等几个小组，分别进行技能、战术教学，使教学内容和方法更切合个体实际。

3. 教学过程充满乐趣

足球对学生最大的吸引力是比赛，教师要引导学生体会运动乐趣。在教学过程中，教师可以把足球的竞技性与趣味性相结合，运用比赛教学法、小组教学法、足球游戏法以及多媒体教学等手段，使教学过程充满乐趣，增强课程对学生的吸引力。

（三）全面提高学生素质

足球选项课教学为学生足球运动奠定了基础。学生掌握了足球运动的基本理论和基本方法，具备了足球运动的一定技能，神经系统、呼吸系统和血液循环系统的生理功能得到改善，速度、力量、耐力、灵敏、协调等身体素质有所提高。学生通过足球训练和比赛释放了心理压力，学会在比赛中自我调节心理状态、掌握和控制自己的情绪，强化了心理素质。足球训练和比赛对抗激烈，运动量大，既锻炼了学生顽强拼搏的精神，又磨炼了他们的意志品质。足球比赛是一个靠全体队员分工配合、团结一致才能进行和获胜的集体项目，通过足球教学和训练，培养了学生的团队意识。

足球选项课教学，较好地实现了预期目标，也刺激了部分学生进一步了解足球运动的求知欲，他们希望开阔足球运动视野，提升欣赏足球比赛的水平。为了满足这些学生的要求，教师可以开设公共选修课——足球运动欣赏课。

二、以足球欣赏课拓宽学生足球文化的视野

（一）合理选择教学内容

足球运动欣赏课是足球选项课的延伸和补充。其内容安排10个专题：古代足球的萌芽与发展；世界足球运动的发展及趋势；现代足球运动的状况与特征；欧洲五大联赛简介；中国职业足球现状与展望；足球竞赛规则与裁判法；著名运动员介绍；著名教练员介绍；经典比赛赏析；足球文化解读。重点是对比赛的经典战例、战术配合的精彩片段、球星在比赛中的作用、教练员临场指挥的艺术手段等内容进行讲解和分析，使学生对足球运动有更深入的了解。

在选择内容时，教师可以考虑的因素有：一是教学内容的整体性，要与学校体育教育的目标、内容相一致，与足球选项课的内容相衔接；二是反映足球领域的新进展、新成果、新观点与新方法；三是对准学生的兴趣点，解答学生迫切需要解答的问题；四是不断更新和丰富教学内容，注意解读足球运动的文化内涵。

（二）运用多媒体教学手段

开发网络足球课程资源、利用多媒体平台是足球运动欣赏课教学的最佳手段。多媒体平台集文字、图像、视频和声音等于一体，动静结合、声像合一，生动展示战局跌宕起伏、变化莫测的精彩足球比赛或经典技术。通过观摩比赛，教师讲解队员之间的默契配合，教练员临场指挥的成功经验，各种流派的打法特点，各支球队的技战术风格，场上位置的变化，裁判员的错判、漏判以及足球的常用术语等等，让学生看懂足球，体会足球规则，领略足球魅力，感悟足球哲理，品味足球文化，培养学生对足球的感受力、鉴赏力。

（三）拓宽学生足球视野

1. 开阔了学生的足球视野

通过足球欣赏课教学，学生了解了足球运动的起源与发展过程、知道了世界足球运动的现状、参与探讨中国足球运动的问题、懂得了足球竞赛的主要规

则等。足球欣赏课弥补了足球选项课的不足，优化了知识结构，使学生更深入全面地认识了足球。

2. 激发了学生的足球兴趣

通过欣赏精彩纷呈的足球比赛，特别是那闪电般的快速突破、巧妙的传切球、远距离大力凌空抽射、近距离飞身头顶球、倒钩球、直接任意球、角球发出的弧线球，以及进球时运动员热烈地拥抱和看台上疯狂球迷的欢呼雀跃等，都使学生获得积极、愉悦的情感体验和美的享受，提升了学生欣赏足球比赛的水平，进一步激发了学生了解、观赏和参与足球运动的兴趣。

3. 引导学生品味足球文化

什么是足球运动？人类学家说足球运动是下肢的解放，人文学家说足球运动是游戏的体现，政治学家说足球运动是国家的工具，军事学家说足球运动是战争的游戏，教育学家说足球运动是体育的教育，艺术家说足球运动是审美的追求，经济学家说足球运动是巨大的产业。人们可以从多层面解读足球运动丰富的文化内涵，足球运动欣赏课引导学生从自己专业和熟悉的角度品味足球文化，有助于提升人文素养。

三、以训练足球队提升学生的实战能力

（一）长期坚持义务训练

对于指导学生足球队，教师可以从队员的选拔、训练计划的制定、基本技术的练习、错误动作的纠正、身体素质的强化、比赛和团队意识的培养、技战术的运用等各方面进行指导。尽管在球队训练中有许多困难，如新老队员更替频繁、教学场地紧张、训练没有纳入教学计划等，但教师仍然需要坚持每周训练一次，从而满足学生希望接受比较专业的训练、提升足球运动技能的愿望。

（二）选择恰当的训练内容和方法

学生足球队的队员喜欢踢球，但在中小学阶段没有受过系统正规的训练，

虽有一定的个人控球及突破能力，但基本功很不扎实，缺乏集体配合意识，没有位置感和全局观念。教师在训练中应根据队员的身体素质特征、技术特征、生理心理特征和场地环境等实际情况，选择恰当的训练内容和方法。训练内容主要是身体素质训练，学习基本技战术知识，培养团队精神和顽强拼搏的意志品质。训练方法如下：将学生提升个人技战术水平的目标分层细化，扎实训练和推进；培养球队整体配合意识，训练学生处理好个人与团队的关系；坚持以人为本，倾听学生的心声，了解学生的需求和困惑，增强教学和训练的针对性；及时鼓励和纠错，激发队员的训练积极性；加强练习方法指导，鼓励学生利用网络进行自主学习和交流。

（三）提升学生的实战能力

高校公共足球课的教学通常缺乏足球比赛的对抗氛围，学生虽然掌握了一些足球技术和战术，但在正式比赛中，由于心理、环境等因素的影响，并不能完全发挥出自己的水平。所以，在足球队的训练中，一切应从实战出发，真正训练学生掌握在比赛中能够用得上的技战术，真正提高学生足球运动的能力。

比赛是训练最好的老师，更是巩固和检验训练效果的最好方式。教师可以把校运会的足球比赛等看作足球教学的课外延续，积极指导球队参赛，为球队创造更多的比赛机会，在比赛中积累经验，增强实战能力，使学生真正享受足球运动带来的快乐，从而推动校园足球运动的开展。鼓励学生对足球比赛进行市场化运作的尝试，为比赛寻求赞助，尽管学生拉来的赞助很少，但对学生也是有益的锻炼。

四、2+1 足球教学模式的意义

（一）追求三维目标

高校足球教学应有三个目标：一是传授足球运动的基本知识和技能；二是培养学生科学的锻炼能力和习惯；三是对学生进行足球文化教育（包括拼搏精神、团队意识、规则意识、人文素养等）。三者缺一不可，教师必须全面把握。

如果在足球教学中只是简单地教给学生一些基本的运球、传球以及比赛常识，在训练中也仅仅教给学生一些基本动作和技术战术，而忽视锻炼习惯的养成、忽视足球文化的熏陶、忽视人文素质的渗透、忽视优良品质的培养，不仅会使足球教学乏味无趣，也会降低足球教学的质量。

（二）构建系列课程

为实现三维教学目标，应该构建足球课程系列。足球选项课、足球运动欣赏课、指导学生足球队的2+1系列课程，相互补充，能够收到理论与实践交辉、课堂与球场相映、课内与课外结合的效果，明显地提升了足球教学的质量，有效地培养了学生的足球特长和兴趣，为有足球特长和爱好的学生提供了进一步发展的空间，实现了《全国普通高等学校体育课程教学指导纲要》所规定的课程目标和发展目标。

（三）优化教学方法

教学和训练方法是完成教学任务、实现教学目标的重要保证。教学有法，教无定法，贵在得法。教师要根据教学目标内容、学生实际、场地环境等具体情况，选择恰当的教学方法。要将探究学习法、合作学习法引入足球课堂教学，充分发挥学生的主体作用；要倾听学生的心声，了解学生的需求和困惑，增强教学和训练的针对性；要将网络和多媒体技术应用于教学过程；要加强学法指导，鼓励学生利用网络进行自主学习和交流；用多元化、多层次的方法评价学生的学习成绩，引导学生为健康和兴趣而锻炼，而不只是为了应付考试过关。

（四）提升自身素质

足球教师要加强师德修养，在学生中树立良好的教师形象，成为学生效法的榜样；要提升自己的专业素养，在专业知识、足球技术、动作示范、疑难解答等方面成为学生服气的师长；要优化自己的知识结构，在人文知识方面成为学生愿意交流的伙伴；要不断进行教学反思，虚心向学生学习，追求教学相长，把学生的问题、意见、建议变成可开发的课程资源；要关心爱护学生，在学生遇到困难时成为他们可信赖的朋友。

第八节　高校足球螺旋式教学模式

近年来，随着社会经济的不断发展和教育水平的不断进步，体育课程作为近年来教育关注的重点课程之一，其发展进程也在不断提速。体育课程作为学生从小到大的必修课，其对学生身体健康的锻炼是具有重要意义的。本节针对现阶段在高校足球课程中应用螺旋式教学模式的意义进行讨论，并针对现阶段在高校足球课程中应用螺旋式教学模式存在的实际问题以及如何合理地构建螺旋式教学模式进行分析，希望能够对高校足球教师在进行课程教育改革的过程中提供一定的参考价值，以帮助高校足球课程更好地提升质量。

随着近年来高校体育课程的不断改革，高校足球课程教学模式也在不断进行改良。体育课程作为学生的必修课程能够有效地帮助学生提升自身的素质，并且能够有效帮助学生丰富课程种类，使学生能够提升综合素质，促进学生全面发展。螺旋式教学模式作为近年来新型的教育模式，其应用于高校的足球课程中能够有效帮助学生提升自身对足球课程的兴趣，并且能够有效提升高校足球课程的教学质量，从而能够促使学生更好地进行自我发展。但是在螺旋式教学的实际应用过程中也存在着一定的实际问题，这些实际问题的存在，使得螺旋式教学模式在高校体育课程中无法有效地发挥出自身的优势。因此，高校教师应在足球课程的教学过程中应用螺旋式教学模式。高校教师要不断提升自身的教学素质，并且要依据学生的实际情况有效地开展螺旋式教学，从而更好地促进学生学习高校足球课程，并有效保证学生的身体健康。

一、现阶段在高校足球课程中应用螺旋式教学模式的意义

现阶段螺旋式教学模式在高校足球课程中的应用具有重要意义。螺旋式教学模式的应用能够有效帮助学生进行足球理论知识的学习，并且能够有效促进学生提升对足球课程的兴趣，从而在整体上帮助学生进行足球课程的学习，提升学生的身体素质，促进学生的全面发展。

（一）螺旋式教学能够有效帮助学生提升自身对高校足球课程的兴趣

现阶段高校足球教师在日常的教学过程中应用螺旋式教学模式能够有效激发学生对足球课程的积极性，从而有效地促进学生在足球课程中的学习主动性，在整体上提升高校足球体育课程的质量。目前螺旋式教学模式作为一种新型教学模式，学生对其陌生度较高，因此在教师应用螺旋式教学的过程中，学生对其好奇程度比较高，从而能够有效激发学生对足球课程的热情，并有效帮助学生进行足球项目的学习。体育作为一种学生从小到大都在不停进行学习的学科，传统的教学模式对于学生而言很难激起学生积极学习的热情，并且单一的足球教学模式会使学生在实际的学习过程中无法有效、充分地集中注意力进行学习。因此高校足球教师在日常的教学过程中应用螺旋式教学模式可以有效帮助学生激发对足球课程的兴趣，从而在整体上促进学生的学习积极性，有效帮助学生进行足球项目的学习，促使学生进行运动，保持身体健康。

（二）螺旋式教学能够有效帮助学生在高校足球课程中学习相关理论知识

在现阶段的高校足球体育教学过程中，多数教师采用单一的室外教学，使得学生对足球课程内部存在的理论知识一知半解，这导致学生对足球了解不够深刻。在高校足球课程中应用螺旋式教学能够使得学生充分了解足球项目的内部理论知识，加深学生对足球项目的了解，从而在整体上有效提升学生对足球知识的了解，有效帮助学生更加深入地进行高校足球课程的学习。高校足球教师能够在利用螺旋式教学的过程中针对足球项目进行由易到难的教育教学，并且能够利用螺旋式教学模式有效帮助学生学习足球项目的理论知识，从而有效加深学生对足球课程的认知和理解。

（三）螺旋式教学能够有效帮助学生提升其自主学习能力

高校足球教师在足球课程的教学过程中可以利用螺旋式教学的方式使学生充分进行自主学习，从而有效帮助学生提升身体协调能力和自主学习能力。高校足球教师在应用螺旋式教学模式的过程中可以利用多媒体技术使学生在学习足球知识的过程中，对足球的基础动作进行一定的学习，从而有效帮助学生进行初步足球动作的学习。教师在利用螺旋式教学模式的过程中可以利用多种方式使学生初步学习足球动作，从而有效提升学生的自主学习能力，同时也能够在这个过程中帮助学生提升自己的身体协调能力，激发学生对足球动作学习的兴趣，使高校足球教学不断提升教学质量。

二、现阶段在高校足球课程中应用螺旋式教学模式存在的实际问题

现阶段高校足球教师在应用螺旋式教学模式进行实际的教学过程中存在着一定的实际问题，这些实际问题的存在使得螺旋式教学模式自身的优势在高校足球课程中难以充分发挥出来。首先，在高校足球课程的实际应用过程中，部分教师对螺旋式教学模式的具体应用方式了解不够深刻。部分高校足球教师对螺旋式教学模式的了解尚浅，教师在应用螺旋式教学模式的过程中往往流于表面，没有使学生在足球课程的学习过程中进行有效学习，反而使得足球的课程教学质量有所下降。其次，部分高校足球教师在应用螺旋式教学模式的实际过程中没有具体结合学生的实际情况。部分足球教师在应用螺旋式教学模式的过程中没有掌握好实际教学的进度，并且对学生的实际足球水平了解不够深刻，从而使得教师在应用螺旋式教学模式的过程中不仅无法有效地促进学生学习，而且耽误了实际的足球课程教学进度。总之，现阶段高校足球教师在应用螺旋式教学模式的过程中存在着一些降低教学质量的实际问题。

三、现阶段在高校足球课程中对螺旋式教学模式进行构建的有效措施

螺旋式教学模式在现阶段高校足球课程的应用过程中要进行有效的构建才能在实际的教学过程中充分发挥出积极作用，同时在实际的构建过程中要充分考虑应用过程中可能出现的实际问题，并进行有效改善，从而在整体上促进学生进行足球课程的学习。

首先，高校足球教师要不断提升自身素质。高校足球教师要不断地进行有效的学习，不断提升自身的个人素质，从而在实际的应用过程中能够更加有效地发挥出螺旋式教学模式的积极作用。螺旋式教学模式作为近年来新兴的一种教学模式，其与传统式教学模式有本质上的不同。因此高校足球教师在应用螺旋式教学模式的过程中首先要对螺旋式教学模式有深刻的了解，只有了解如何将螺旋式教学模式与实际教学过程相结合，才能更好地促进学生进行足球课程的学习。高校可以组织足球教师进行定期的统一学习，帮助教师不断提升个人素质，促进螺旋式教学模式在实际教学中的有效开展。

其次，高校足球教师要掌握开展螺旋式教学的方式。教师要充分了解螺旋式教学模式的应用流程，要针对螺旋式教学模式在实际教学中的构成进行充分的学习，以使自己在日常的教学过程中能够有效地开展螺旋式教学。高校足球教师在开展螺旋式教学的过程中，要掌握足球教学从易到难、从理论到实践的过程，以帮助学生充分地进行足球课程的学习。在螺旋式教学开展的过程中，教师可以利用网络平台对学生进行理论知识的教育教学，并且可以在之后有效开展视频教学，使学生能够在自主学习的过程中初步了解足球动作，有效提升学生的自主学习能力。同时在这一过程中高校足球教师应使教学按照由易到难的方式进行，合理有效地促进学生的学习。

最后，高校足球教师要使用与螺旋式教学模式相配套的评价方式。现阶段，高校足球教师在利用螺旋式教学模式开展教学的过程中，要应用与螺旋式教学模式相配套的评价方式，以合理有效的评价方式点燃学生对足球学习的热情。高校足球教师可以将评价分为理论评价与实践评价，也就是将学生的理论成绩与足球动作成绩相结合。

综上所述，高校足球教师在实际的教学过程中应用螺旋式教学模式是具有重要意义的。现阶段在新课改不断深入的过程中，螺旋式教学模式作为一种新型教学模式也被应用于高校的足球体育课程中。高校足球教师在课程教学中应用螺旋式教学模式能够有效帮助学生提升自身对足球运动的兴趣，有效提升高校足球课程的教学质量，并且能够有效帮助学生提升自身的学习主动性，从而更好地帮助学生保持身体健康，提升自身素质。但是在现阶段螺旋式教学模式的实际应用过程中，部分教师自身的教学素质较低以及部分教师没有结合实际教学情况等问题的出现，导致螺旋式教学模式在实际的应用过程中无法充分发挥出自身的积极意义，并且使得学生对足球课程的兴趣降低，在整体上导致了足球课程的教学质量下降。因此，高校足球教师在应用螺旋式教学模式的过程中要不断提升个人素质，对螺旋式教学模式进行深入的了解，并结合教学进度等实际情况，制定合理科学的教学目标，从而在教学过程中能够对螺旋式教学模式进行合理的构建，在整体上促进学生的足球学习，帮助学生全面发展。

第四章　高校足球教学能力培养创新研究

第一节　高校足球教学中人文精神的培养

足球课程是高校体育教学中的重要组成部分，在高校足球课程教学中进行人文精神培养的重要性日益突显出来。本节通过对高校足球教学中存在的问题进行分析，提出了在高校足球教学中进行人文精神教育的可行性方法，为高校足球课程教学的健康开展提供了很好的借鉴。

一、人文精神的含义

人文精神是一个人、一个民族、一种文化活动的内在灵魂与生命。人文精神是把人的文化生命和人的文化世界的肯定贯注于人的价值取向和理想追求之中，强调人的文化生命的弘扬和人的文化世界的开拓，促进人的进步、发展和完善。人文精神的基本含义就是尊重人的价值、尊重精神的价值。对于个体来说，就是要有自己独立的人格，有真正属于自己的头脑和灵魂，建立正确的世界观和价值观。足球教学作为学校体育教育的一部分，要想紧跟时代步伐，也应积极推进与人文精神的有机融合。

二、高校足球教学中人文精神的培养

人文教育的核心就是培养人文精神，人文精神是人存在的意义和价值的最高展现，是整个人类文化所体现的最根本的精神，是人类文化生活的内在灵魂。人文教育的功用在于“教化”，最终目的是“教人做人”。过去人们偏重于研

究生物学的足球竞技，这是不全面的。建立以生物学、心理学、社会学和教育学为科学基础的足球教育课程新思想，对改革传统的足球理论和实践具有重要的理论和实际意义。

足球教师与学生的距离近、接触多，所以，教师在掌握生理、解剖、教育学、心理学等基础理论的同时，要博览群书，提高知识水平和人文素养，时刻注意自己的一言一行、一举一动，注意保持整洁大方的衣着仪表，养成健康的兴趣爱好和良好的行为习惯。

（一）人文精神在足球教学目标中的体现

在教学目标中，人文精神的基本内容，主要体现在4个方面：使学生掌握足球的基本技能，达到健体强身的目的；通过足球教学向学生传授关于体育、健康、安全的知识和技能；使学生懂得团结与协作，正确对待输赢关系；培养会踢球的全面发展的人才。

（二）人文精神在足球教学方法上的体现

长期以来，高校体育教育以传授知识、技能为主，忽视了学生创造力的培养。推进素质教育、培养创新人才是时代的呼唤，高校教师要转变传统的教学观念，要改革教学内容、教学方法，要在足球课程教学中融入创造性思维。教师创造性地教学，改变“灌输式”教学方法，积极实践“启发式”“讨论式”“研究式”教学方法。学生创造性地学习知识，掌握技能。同时，高校教师还应从尊重每一个学生个体的角度出发，区分学生的个性差异，因材施教，培养学生的社会交往能力和人格修养。

1. 用优秀运动员的事迹，培养学生的坚强意志和崇高品质

心理学研究表明，成功的榜样能够增强学生的自我效能感。利用足球理论课多介绍贝利等大球员的事迹，无疑会使学生受到他们百折不挠、埋头苦干等精神的熏陶和教育，同时也可以让学生从这些优秀运动员身上获得对人生理想的启迪和感悟，逐步培养学生的坚强意志和崇高品质。

2. 结合游戏和比赛等，培养学生的规则意识

足球作为一种团体运动，是规范的、合作的、有组织的。这些规范对学生们的行为起着“戒律”作用，表现为一种秩序节制、约束，体现足球的竞争性和公平性。当第一次走进足球场，就明白必须依规则行事；当比赛结束，决不应自以为是，需尊重裁判的判决；等等。以规则约束行为，公开、公正地竞争，尊重客观事实的观念，将这些理念点点滴滴地渗入学生的意识之中，造就他们刚正不阿、以规律己的品质，为他们在人生旅途中，确立凭自己的实力赢得荣誉、赢得尊重的人生态度奠定了基础。

3. 设置挫折情境，增强耐挫力，提高社会适应能力

足球教学比赛能增强团体意识，提高竞争性。比赛中有胜有负，胜者能够鼓舞斗志、陶冶情操，败者也能经受打击，承受“心灵”的“创伤”，并能总结经验，迎难而上。因此，足球课堂应适当安排单项技术和小型比赛，通过比赛磨炼学生的意志，使学生建立正确的胜负观，培养学生的耐挫力，从而提高其社会适应能力。

（三）人文精神在足球教学内容中的体现

为了使高校足球教学的教材内容突出人文精神，应加强足球教学内容与社会和生活的紧密联系，扩大教材内容的选择余地，增强教材内容的灵活性。此外，教材内容中还要增加协作性内容，使学生在协作中履行自己的责任，体悟人的交往所产生的效能，进而培养交往意识。另外，教学内容还要培养学生遵守纪律、勇敢顽强、拼搏进取的品质和热爱祖国的感情，塑造学生的创造性人格和勇于开拓的精神，增强学生的责任感。

（四）人文精神在足球评价方法中的体现

教学评价时应重视个体的差异性，不要过分追求评价结果的绝对客观性和数量化。教学评价应该更具全面性，不仅包括学生的足球技能、足球知识的掌握情况，而且包括学生的足球态度；也不再是教师单方面的评价，还应该包括

学生的自我评价、学生之间的相互评价、学生家长的评价。另外，针对学生的差异，要适当地增加评价的弹性，即对于某些体育基础差而进步快的学生，要给予适当的照顾。

（五）人文精神在高校足球文化中的体现

加强高校足球文化建设，营造良好的足球氛围。首先，学校可以通过足球比赛来激发学生参与足球的兴趣，增强学生的集体荣誉感，进而营造班级及学校浓郁的足球氛围；其次，通过宣传画、板报、校刊等媒体来介绍世界上的足球大事，让每一个人都了解足球形势的发展，从而激发学生参与活动的热情，使学生体会到足球活动带来的乐趣，丰富学生的课余文化生活，使整个高校充满生机和活力。在这种文化环境的熏陶下，学生的人文素质将得到提高。

足球教学中人文精神的核心就是要主动表现足球对人类生存意义及价值的终极关切。足球运动呼唤人文精神，要求我们学会关心，回到以人为本的足球世界，加强人文精神与高校足球教学的有机融合。

第二节　高校足球教学中非智力因素的培养

非智力因素大致包含人的自身性格、意志力、情感、动机以及兴趣等方面。在高校足球教学中，学生非智力因素的培养对激发学生的学习兴趣、树立学生的自信心、提升学生的竞争意识、提高学生的心理承受能力等都有着十分巨大的影响和帮助。本节在分析高校足球教学中非智力因素培养的基础上，探讨了非智力因素的概念及非智力因素对运动的影响、足球运动中非智力因素的特征及重要性和高校足球教学中非智力因素的培养策略。

足球风靡全球，受到了全世界狂热球迷的追捧，也理所当然地成为在校大学生参加体育锻炼的首选运动。足球这项运动不仅带动了人们的运动神经，同样也促进了经济、社会等方面的发展。正是由于世界上足球文化如此盛行，才使得高校足球教学成为大学校园中体育文化不可或缺的组成部分。既然高校学生对足球这项运动的兴趣如此浓厚，体育教师就要注意教学方法的合理性，要注重对学生各个方面的培养。在这些教育培养的过程中，一般要把握两大因素，即智力因素和非智力因素，这是学生能够取得良好学习成绩的关键两点。在大学体育教学中，尤其是足球教学过程中，对非智力因素的培养是十分注重的。足球教育经验表明，对非智力因素的培养不仅有利于足球教学质量的提升，也有利于学生的终身发展。

随着我国经济的不断发展和进步，社会对大学生的要求越来越高，这些要求不仅局限于学习成绩方面，更多的是要让他们成为德智体美劳全面发展的高新技术人才。在这其中，强健的体魄是必要条件。这种强健的体魄不仅包括身体方面，还包括思想方面。大学生正处于生理和心理发展的完善时期，这是一个从青少年向青壮年过渡的黄金时期。在这个时期，体育和智育显得同样重要。此时的体育教学不仅需要提升大学生的身体素质，还要让他们的头脑更加坚强。因此，高校体育教学的目的不仅仅是提升大学生的运动技能，还要注重培养学生良好的心理素质和健全的人格。

在高校足球教学过程中引入对大学生非智力因素的培养，不仅有利于提升足球教学的质量，也能够促进学生身心的全方位发展。

一、非智力因素概述

（一）非智力因素的概念

非智力因素与智力因素是相对应的，同属于教育心理学的范畴。在这门学科的发展过程中，教育学家把人类的心理现象分为智力因素和非智力因素两部分，其中，智力因素指的是那些能够帮助人们完成各种事物或者顺利进行各项活动所必需的能力，包括观察能力、思维能力、智力能力等。而从广义上来讲，非智力因素是指能够有效地促进人们从事某种行为，除了本身智力因素以外的所有积极因素的总和。而从狭义上来说，非智力因素包含了人的自身因素，最重要的有五个方面的内容，即人的自身性格、意志力、情感、动机以及兴趣。

（二）非智力因素对运动的影响

非智力因素属于心理学范畴的非认知性心理机能系统，即动力系统。非智力因素并不直接参与人的各项活动，但是对人的认识活动有着十分重要的影响作用，这些影响作用表现为动力作用、引导作用、维持作用和强化作用等。可以说，人们所进行的各项活动都需要非智力因素作为一定的支撑。在体育运动教学中，需要十分注重对学生非智力因素的培养，对于运动员来说，当今竞技体育已演变得越来越激烈与残酷，参加竞技体育的高水平运动员成绩差距逐渐缩小。一般来说，运动员都无法突破人类身体的极限。即使在一场比赛当中将自己的身体极限发挥得淋漓尽致，但是在这种持续性的高强度、超负荷的状态下，也会对运动员的身体造成一种无法挽回的损伤。因此，在培养运动员时，也同时要将心理的锻炼提上日程。很多竞技运动员虽然身体强健，素质极佳，但是由于心理问题而屡屡在赛场上遭到挫败。这种情况的发生就是由于运动员非智力因素方面发展不足而导致的。运动员站在赛场上无法发挥出平时训练的水平，因此容易惨遭失败。反之，如果运动员平时的非智力因素训练十分到位，就能够保证他们在赛场上临危不惧，有时候甚至可以超水平发挥。由此我们可以得知，非智力因素的培养与运动员竞技水平的提升有着密切的关系。

二、足球运动中非智力因素的特征及重要性

既然非智力因素对运动员是如此的重要，那么足球运动也不会例外，甚至在足球运动中涉及的非智力因素的方面会更多。

足球运动属于技能主导类对抗性项群，这是一项团队合作的运动，团队的凝聚力、顽强的意志力、稳定的斗争性、临危不惧的心态和高强度的自信都是足球运动员需要具备的优秀心理素质。因此我们可以看出，足球运动并不仅仅是一项身体之间的对抗运动，也不仅仅是技能之间的碰撞，更多的是涉及心理方面，尤其是非智力因素方面的抗衡。在赛前预测比赛结果、对对手的水平不甚了解、比赛性质不同而造成心理负担和精神压迫、由于对手发挥神勇而导致自己内心受挫，等等，这些都是在足球运动中容易出现的问题。一旦对方比自己先进球，心态不好的运动员就容易产生急躁的情绪，这种情绪会影响到运动员的方方面面，动作变形、心理崩溃，没办法在场上进行比赛。一旦信心垮掉，那么运动员就完全处于呆滞的状态，无法再次以昂扬的斗志继续进行比赛。或者由于裁判的不公平、自身客场作战受到观众影响等，运动员会产生焦虑的情绪，这种焦虑的情绪会导致运动员的失误增多，沮丧情绪也会直线上升。一旦某一个运动员出现问题，传球、战术配合方面出现失误，就会导致配合失调，无法相互弥补，团队之间的默契和一致就会被打破。此时的团队凝聚力、合作协作能力、整体之间的配合都会被打乱，根本无法发挥出原有的水平。在这种情况下就产生矛盾和消极情绪，这种情绪的蔓延不利于足球运动员水平的正常发挥。

在足球运动竞争日益激烈的今天，心理素质之间的抗衡也开始出现，心态良好的足球运动员在场上不容易慌乱，更能够发挥出自己的技战术水平。因此，在高校足球教学中，对学生非智力因素的培养是十分重要的。

三、高校足球教学中非智力因素的培养策略

人的非智力因素可以通过后天的培养来得到相应的提升。在高校足球教学中，可以通过以下几种途径和策略对学生的非智力因素进行培养。

首先，采取鼓励机制。我们经常说，兴趣是最好的老师。只有学生的兴趣浓厚，才能自发地投入学习当中。在高校足球教学中，学生的兴趣是教学成功的前提条件。激发学生积极参与足球运动的热情，让他们养成良好的运动习惯，这是高校足球教师应当做到的一个方面。一些学生由于足球的基础技术不扎实，身体素质较差，身体条件不好，因而对足球学习的积极性不高，甚至会产生消极和抵触的情绪。这些都是学生非智力因素不成熟的表现。一旦学生出现这种问题，教师就应当适当地改变自己的教学方法。可以采取分层教学的方式，针对不同水平的学生采用不同的教学方法，比如分为运动比赛队员、组织队员、裁判队员等等，让学生在足球场上都能够发挥出自身的优势，在整个群体中做到不忽略每一位学生，只有这样才能充分调动学生的学习积极性，帮助他们树立应有的信心，发挥他们的长处，从而达到共同提高的目的。鼓励机制对学生非智力因素的培养是十分有效的。

其次，树立学生自信。足球运动中的技战术是十分复杂的，而足球运动需要强大的自信心才能完成一系列的战术动作。在场上比赛的时候，两队的交锋情况是瞬息万变的，某些时刻的灵光乍现，也许就是最好的机会。这种机会把握不住就稍纵即逝，如果没有强大的自信心，很多传球动作、射门动作、防守动作就会显得不坚决、不果断，也就浪费了进攻或者防守的最佳时机。这对运动员来说是得不偿失的。因此，要想赢得比赛的胜利，运动员的自信是必须要培养的。在高校足球教学过程中也是一样的。只有让学生首先尝到获胜的滋味，才能让他们在成功的体验中获取应有的自信。在这样的情况下，学生对胜利和成功才能有更深层次的理解，才能自觉地树立自己的自信心，最终发挥出自己的特长和水平。

最后，培养竞争意识。足球本身就是一种对抗性非常强的运动，在这种竞争很强的运动中，学生的竞争意识是必须要提升的。这种激烈的竞技运动需要

学生在长时间内保持高度的警惕，才能最终赢得比赛的胜利。因此，高校足球教师应当把培养学生的竞争意识纳入日程，可以根据学生自身特点进行教学，在课上营造出一种紧张的竞争气氛，让学生能够真正体会到足球这项运动的紧张和刺激，体会到这项运动的实质，最大限度地帮助每一位学生投入足球运动中去，这也是提升大学生非智力因素水平的良好方法。

高校体育教学不能只是将提升大学生的运动水平作为教学目的，更要注重大学生心理方面的发展。在高校足球教学中，针对学生非智力因素的培养，能够帮助大学生更快速地适应多变的环境，最终让他们成为符合社会需要的全面人才。

第三节 高校足球教学的困境与学生素质的培养

在高等院校的体育教学中，足球是非常重要的课程，也受到众多大学生的热爱。足球运动能够提高学生的身体素质，培养学生的坚强意志，完善学生的个性素质，同时也能提高学生的心理素质。但是目前高等院校在足球教学方面做得不是很好，由于教学方法、目标和投入方面的问题，而长期处于一种困境当中。本节从多个方面分析了高等院校足球教学的困境，并提出了有效培养学生素质的方法。

足球运动是全球范围具有非常大的影响力的体育运动，它受到许多人的欢迎，不仅给参加足球运动的人带来刺激的感受，而且对于观看的人来说也非常紧张。高等院校作为人才的摇篮，也需要发挥其优势，对学生进行更高质量的足球教育。就目前的情况来看，足球教学还应更加努力。但是目前高等院校的足球教学正处在困境当中，各个学校需要寻找突破口，打破困难的局面，走向美好的未来。在未来的足球教学中，高等院校需要注重培养学生各个方面的素质。

一、高等院校足球教学的困境分析

高等院校足球教学的方法和目标存在偏颇。随着我国高等院校在教学方面的改革力度加大，高校教师的体育观念也发生了变化。以往的体育教学只是注重提高学生的身体素质，让学生通过体育锻炼增强自己的体质就行了，但是如今不一样，体育教学需要让学生更加快乐地参加体育学习活动，并且树立一生坚持体育锻炼的好习惯。如今许多高等院校的体育老师使用以前的教学方法，已经不再符合如今教育发展的新方向。由于体育老师的教学方法非常落后，而且足球课程安排的时间也不是很多，高等院校的学生就无法利用足球学习来更加深入地认识和理解足球的基础知识，同时也无法学会足球的技术和技能。由于足球课程涵盖的内容非常广泛，而且比较杂乱，如果没有多种多样的教学方法，就无法提起学生对足球学习的兴趣，学生不能主动参加足球活动，因而就无法增强学生的身体素质。另外，许多调查结果可以理解到，如今我国大多数高等院校的教学方法都比较落后，高等院校的足球教学通常只重视提高学生在足球方面的技术，而没有注重提高学生的综合素质，从而不利于提高高等院校足球教学的整体水平。

除此之外，如今一些高等院校在确立体育教学目标时，只注重大学阶段的体育教学，而没有重视体育教学在学生今后一生中的作用，偏离了体育教学的最终目的。而且在足球教学的实际过程中，对足球教学的方法和效果都没有明确的纸质说明，因此教师和学生都不清楚足球教学完成之后应该获得什么样的效果才能够称之为达成了教学的目标。在足球教学中，缺乏对教学指标的叙述性描写，评价和判断足球教学的任务是否达到应有的标准就变得无迹可寻，教学目标也无法发挥指导足球实际教学工作的作用。

高等院校对足球教学的投入不够。这些年来，各个高等院校都在不停地扩大招生的规模和范围，招进学校的学生也越来越多。但是高等院校只关注招了多少学生进入学校，而没有关注这些学生进入学校之后的学习效果如何。尤其是学校基本上只重视学生在专业课程上的学习，而体育学习只是表面走个过场，并没有很重视。所以，高等院校也不会投入太多的资金到足球教学中。一般情况下，一所高等院校都只有一个到两个足球场，而在足球场上，有的班级在上健美操课，有的班级在上武术课，还有的班级在上太极课，而留给足球课的空间就非常有限了。本来足球场地是够大的，但是被各种内容的体育课程分割和占据之后，足球教学就会陷入场地不足的困境，而且大多数高等院校虽然建了足球场，但建完之后就不会再投入更多的资金去修理草地、完善球门、更新足球了。

除非草地真的满目疮痍，否则不会有学校会花大笔资金去更换草地，甚至去换上真草地。尤其是有些高等院校的球门已经颤颤巍巍了，但依然挂在那里，长久都得不到修缮。有些高等院校的足球场甚至连球门都没有，或者有球门，也只有两根柱子，球门的网都不见了。即使这样，许多高等院校也不会把宝贵的资金投入足球教学的场地、设备的维护和更新上。因为高等院校不愿意投入资金去建立足球教学的相关场地，加上有些学校不会在后期投入更多的精力和金钱去改善场地的状况、足球设备等，阻碍了足球教学的进步。同时，因为大部分高等院校没有重视足球教学，也不会投入资金去聘请资质较高的足球教师，多数情况下都是让体育系的教师轮流担任足球课的教学任务。这些教师在足球方面的知识和技能明显不是很高，而且由于没有受到重视，也不会花太多的精力去教授足球课。

二、学生素质的培养方法

首先，高等院校应更新和完善足球教学的方法和目标。这些年以来，大多数高等院校都实施了学分制，学生可以自己选择体育项目作为体育学习的内容，足球作为其中的一种备受欢迎。但是如今许多高等院校还是沿袭和使用以前的教学方法，没有把学生放在中心的位置，无法根据学生的实际情况来选择合适的教学方法。体育老师总是采用单一的教学方法，日复一日，不会寻求方法上的改变和突破。如果要培养学生的素质，就需要解决这个问题，从足球教学的方法入手，利用游戏和比赛，给学生营造一种愉悦开心的氛围来开展足球运动，从而更有效地提高学生各个方面的素质。教学方法和目标是任何教学课程必须具备的一项基本内容，足球教学同样如此，如果可以利用兴趣教学来进行足球教学的传授，那么既可以提高足球教学的趣味性，又可以实现足球教学的目的。足球教学属于体育教学的分支，学生对足球教学的具体方向和目标相对淡薄，并没有完整的学习方向，更多的是热爱足球、锻炼身体，然后就是一味地在足球场上踢球。因此，明确足球的教学目标和方法还是非常有必要的。

其次，高等院校应增加对足球教学的投入。高等院校增加对足球教学的投入，不仅有利于提高教师的教学水平，而且还有利于培养学生的素质。高等院校要增加对足球训练活动的经济费用，不断维护和管理足球场和器械设备，尽量及时更新足球和球门，做出最大的努力去满足足球教学的要求。除此之外，高等院校还要花费充足的资金去聘请专业的足球教师，用足球知识和技术都较高的足球教师来培养学生的各个方面的素质。充足的教师资源能够保证高等院校的足球教学更好地开展。高等院校还要不断提高对足球教师的要求，教师需要掌握除了足球知识和技术之外，跟人的身体结构、生物和运动有关的知识，从而更加科学地开展足球教学。

最后，高等院校应培养学生的体育意识和个性发展。高等院校在足球教学方面，不仅要让学生学会足球技术，还要帮助学生树立良好的足球意识、锻炼习惯和行为，提高足球运动能力。从素质教育的角度来讲，这也是达到了教育的要求，同时符合时代的发展方向。以往的高等院校在开展足球教学时，只是注重提高学生的足球技术，而没有重视发展学生的个性，也没有注重发挥学生的主体作用。足球教师要联系不同的足球教学内容，采用符合相应教学内容的教学方法。足球教师需要引导学生去对比足球教学中的重要知识点和难度较高的地方，学生在足球学习中自主思考，发现问题，进而在足球实践中解决这些问题，从而对足球的理论知识和技术形成更加深入的认识，同时更加熟练地学会足球技术，更加灵活地运用足球战略。在高等院校，足球是体育课程中的主要内容，学校的领导和教师都需要结合学生的具体情况和足球运动的发展方向来进行改革，使得足球教学更加具有趣味，对培养学生的素质具有重要的影响。学生更加积极地参加足球学习活动，才可以在学习过程中帮助学生树立足球意识和体育观念。学生在毕业之后，会面临更沉重的生活压力和工作压力，因此需要拥有健康强劲的身体和健康的心理素质，才可以在社会上生存得更好。通过足球教学，学生不停地奔跑，可以缓解压力，放松身体，而且足球需要耐力，学生需要学会坚持和忍耐，只有这样才能够获得更好的表现。培养学生的心理素质，让他们更加积极地去面对学习和工作。拥有乐观的心态和坚持的性格，不仅可以在体育运动中表现得更好，在生活其他方面也会做得很好。

足球运动是我国比较弱的体育运动项目，在各大国际足球比赛中一直得不到非常好的表现。这就需要高等院校进行体育教学方面的改革。足球教学可以保证学生的健康，健康并不只是指身体的健康，还指心理的健康。在足球教学中，教师需要重视提高学生的身体素质和心理素质。但是目前大多数高等院校的足球教学陷入了一种困境，存在许多问题，从而不利于提高足球教学的质量。高等院校需要带领足球教学走出这种困境，寻求有效的方法来培养学生各个方面的素质。

第四节　高校分级教学模式下足球教练员的培养

分级教学模式是指根据学生的知识能力水平把学生分为若干群体，分别设计课程内容和评价标准的差异化教学方式。当前，大学生的足球运动水平存在较大差异。采取分级教学模式，可以满足不同层次学生的学习需求，促进校园足球发展。高校校园足球教练员培养面临的教师数量、培训内容、评价标准和培训资源等问题，既是发展机遇也是新的挑战，需要通过鼓励人才获取资质、丰富培训课程内容、构建校园评价体系和加强外部交流合作等策略予以改善。

一、校园足球分级教学模式的内涵

分级教学模式是指根据学生的知识能力水平分为若干群体，分别设计课程内容和评价标准的差异化教学方式。近年来，我国校园足球在小学、中学和高等院校同步快速发展。但是，由于前期对足球教学的教研与实践不足，当前大学生的足球运动水平存在较大差异。采取分级教学模式，可以满足不同层次学生的学习需求，促进校园足球发展。

二、校园足球教练员培养面临的发展机遇与挑战

（一）教师数量不足

截至 2018 年底，我国持有 D 级以上执照的足球教练员为 9000 余名，显然无法满足校园足球快速发展的需要。一方面，足球专业教练人员的匮乏为有志于从事足球教育的大学生提供了广阔的职业发展机遇。另一方面，高校自身专业教练员不足成为开展分级教学模式的制约因素。分级教学模式需要教练员设计多套教学方案，对教学组织和实施能力也有更高的要求。因此，教学任务增加与专业人才不足的矛盾，成为发展校园足球分级教学模式面临的新挑战。

（二）培训内容空泛

教育部提出发展校园足球的理念已有多年，在试点后才逐步向全社会普及。

在教育领域，对其培训和教学内容的系统性研究时间并不长。在专业运动机构领域，部分足球俱乐部在人才培养方面付出了长期努力。但是，其主要方向是培养适应商业化运作的专业竞技球员。在面向大众的社会体育教练员培养方面，国内相关研究和实践活动仍处于起步阶段。多数教练员培养课程会在短时间内安排大量内容，存在走过场、重形式的问题，对教练员实际能力的提升有限。同时，相关课程也处于探索阶段，课程体系构建方式不合理、教学内容不完整。在校园足球逐步兴起的环境下，建立面向社会体育的分级教学模式，既有上述问题带来的挑战，也是构建科学培训，助力足球运动发展的良好机遇。

（三）评价标准缺失

分级教学模式下的校园足球教练员培养需要合理的评价标准。目前，指导校园足球教育的有关标准仍采取统一的课程实施与评价标准。而分级教学模式下，个体层次多样性的特征无法适应单一的评价标准。同时，当前校园足球教练员的任职能力模型也处于探索阶段。如何定义教练员的关键能力、如何评价课程实施效果，以及如何实现不同能力水平的教练员与各级课程的合理对应，都成为未来研究的重点。因此，发展高校校园足球，必须为教练员的培养建立完善的评价标准体系，从而保障教学效果。

（四）培训资源匮乏

部分观点认为，我国足球运动发展水平滞后的主要原因之一是社会人均运动资源不足。目前，各地纷纷采取措施为校园足球发展进行场地扩建改建等活动。但是，对教练员培养的资源投入相对滞后。高校发展校园足球也面临相同的挑战。多数院校目前所投入的资源不足，无法独立支持起教练员的社会教育成本支出，有限的培训资源无法满足广大教师的需求。而社会又寄希望于高校承担公共服务职能，为推动校园足球的发展向中小学和社会组织提供一定的培训资源支持。因此，高校需要尽快整合教练员培训资源，将挑战转化为机遇，成为足球教育发展的纽带和中坚力量。

三、分级教学模式下强化校园足球教练员培养的策略

首先，鼓励人才获取资质。我国足协为促进足球教练人才发展，对足球教练证书的等级做出了相应调整。国际通行的证书等级包括 C 级、B 级、A 级和 PRO 四级。我国在 C 级以下设有 D 级，近期又增设了 E 级，为有志从事足球教育的人才提供了层次化的认证方式。因此，分级教学模式下校园足球教练员的培养可以从获取不同等级的从业资质入手。一是鼓励教师分级参与考试。为缓解教师数量不足的问题，高校可以鼓励更多的体育教师获取教练证书。一方面，要求参与专业足球教学的教师具备 D 级及以上资质，提高执教能力与开展校园足球教学的效率。另一方面，鼓励非专业教师参与 E 级证书考试。由于该级别对参考人员要求较低，仅要求 1 ～ 2 年的足球运动经验，可以作为扩大高校教练员范围的有效方式。二是合理规划人才分配方式，形成分级执教模式。

其次，丰富培训课程内容。面对教练员培训中存在的课程体系不完善、培训活动不严谨等问题，需要从能力提升入手，采取多样方式丰富课程内容。一是建立关键能力模型。高校应当组织教研活动，深入分析校园足球的现状与发展趋势，从中分析校园足球教练员应当具备的关键能力，并以此为基础，不断丰富培训内容，形成完备的课程体系，将教练员终身成长作为重要方向，结合能力模型为教练员制定符合个体实际情况的长期职业发展规划，从而促进教练队伍的持续成长。二是发展以赛代练模式。由于高校多数足球教练员自身的专业素养不足，仍需要通过大量的练习来完善基本能力。因此，可以跨校组织教练员队伍之间的竞赛，这既能使高校教练员通过比赛活动发现自身不足，又有助于各高校教练员强化日常沟通，在交流中加深教学研究、提升教学能力。三是应用互联网技术优化课程结构。国内校园足球教练员培训参差不齐，高校应当自主开发课程内容。

再次，构建教学评价体系。校园足球教练员的培养需要完善的质量评价体系，在体系构建过程中应当遵循科学的方法。一是统一确定评价主体、分别选择评价内容。不同级别的教学对象在评价主体方面具有一致性。因此，可以根据校园足球的教学特点，对教练员设定包括专业技能、思想品质、体质健康等

在内的综合性主体。由于分级教学模式下的教学目标有所差异，具体的评价内容及标准也应当做出适当调整。二是借助领域专家合理划定指标与权重。在教学评价体系中，应将评价主体和内容分别作为一级指标使用。

最后，加强外部交流合作。高校在丰富校园足球教练培养资源时，应当以内部整合为基础，重点加强与社会力量的合作交流。目前，参与校园足球教育的机构包括各类学校、教研机构、商业俱乐部等。一是高校应当借助商业体育机构的资源优势，建立共赢关系。由商业机构为高校教练员的培养提供资金、技术和场地方面的支持，缓解资源压力。同时，高校在毕业生就业、实习时有效考虑合作机构，从而实现互利性的资源共享。二是为人才培养提供丰富的实践机会。高校可以依据分级教学原则，将教师分为两类。

综上所述，在校园足球全面发展的新时期下，高校足球教练员的培养面临诸多挑战。同时，社会对足球教学的重视也为足球教育专业的发展创造了良好机遇。基于分级教学模式的足球教练员培养，应当以社会考试为先导，不断丰富课程内容、完善评价方法。高校应当与各类社会力量协同，加强合作交流、资源共享，为足球教育事业的发展做出应有的贡献。

第五节　高校足球教学中足球意识的培养

足球是大学校园里很多男生都很喜欢的体育项目，也是体育教学必不可少的构成部分。注重培养学生的足球意识是高校足球教学中要引起足够重视的，对高校足球教学水平的提升也起着积极的推动作用。本节首先分析了在高校足球教学中积极培养足球意识的重要性，接着分析了目前我国高校足球教学中足球意识的培养现状并对高校足球教学中足球意识的培养途径提出了几点建议，以供参考。

一、高校足球教学中足球意识培养的重要性

足球是球类运动的一种，是大学校园里很多男生都很喜欢的一项体育运动，目前很多高校都开展了足球教育活动。我国的足球运动业发展相对于其他国家来说还有一段距离，高校是孕育人才的摇篮，也是促进我国足球事业健康发展的基础保障。足球兴趣爱好是足球教学质量顺利进行的基础，如何培养学生的足球意识是现阶段高校需要解决的一大难题，因为足球运动员的综合素质能力在一定程度上可以说是我国足球综合实力的体现，它直接影响着我国足球事业的发展。足球运动意识是足球参与者所具备的一种本能意识反应，它决定着参与者在比赛中的水平发挥程度，可以说足球意识的强弱对足球比赛的最终结果起着决定性的作用。足球意识是影响足球运动员综合素质水平的一项重要指标，对足球运动员长期职业发展有着重要的意义。对于所有高校来说，足球教学中对学生足球意识的培养是足球教学的一大重要环节，直接影响着高校的体育教学质量水平。

二、高校足球教学中足球意识的培养现状

（一）认识程度不高

目前，政府和相关教育部门对学生足球意识的培养存在认识程度不高的现

象，这也是阻碍我国足球事业发展的因素之一。具体表现如下：①高校在专业足球场的建设方面投入比较少，没有可供学生踢足球的专业场地，这就直接扼杀了学生的积极性；②随着专业课程的深入和增加，大多数教师都把文化课的学习作为重点学习目标，而忽略了体育课的重要性，体育课也随着文化课的增加而出现逐渐被取消的现象。政府和相关教育部门对足球教学的不重视，导致学生很难接触到足球运动，使得对足球有兴趣的学生也不得不放弃自己的足球梦想。在这样的情况之下，学生很难真正做到对足球运动的喜爱。而足球运动又是足球意识培养的基础，没有足球运动作为基础，高校对足球意识的培养也无法做得更好。

（二）足球理论知识欠缺

足球是大学生们喜爱的运动项目，目前在大学体育选修课中有很多足球热爱者都积极地选修足球课，这对高校足球事业的发展也起到了积极的促进作用。但是大多数学生选修足球课的原因都是出于自身对足球的喜爱，对于足球理论知识却一知半解，这就导致大部分学生对足球理论知识只有一些简单的了解，没有深入理解，也就使得足球理论知识不能满足对足球技能的支撑。高校缺乏正确的体育观念，使得足球教学培养仅仅是停留在如何培养学生足球技能方面，有悖于体育教学的初衷，这也使得学生的足球意识培养受到限制。另外，足球教学工作者队伍资质也是良莠不齐，有教学激情的大多都是年轻教师，但他们欠缺足球教学经验，而足球教学经验丰富的教师一般都年龄比较大，这些现实存在的问题制约了足球教学质量水平的提高。

（三）足球实战经验比较少

目前，大多数高校对于足球比赛的举行都很有限，致使学生实战经验比较少。另外，足球教学的考核形式过于单一落后，传统考试模式下对技能考核的片面性，导致学生的自我认知缺陷，使得足球教学考核效果不理想，学生的足球意识难以养成，最终导致高校足球教学质量水平薄弱。

（四）团队协作能力薄弱

足球运动是一项团队运动，需要较好的团队协作能力，球员之间需要有很好的默契，这样才能保证取得良好的比赛成绩，进而使运动员的足球意识得到更好的提升。分析现阶段高校足球教学可以看出，大部分体育教师仅仅关注足球基本技能的训练和理论知识的讲授，对团队协作能力的培养缺乏关注度，由于学生个人意识过强，团队协作能力相对较低，这就导致在足球运动过程中比赛成绩普遍较低，影响整个足球团队能力的发挥，因此，团队协作能力也是改变学生足球意识的一个重要因素，是所有高校体育教学需要重视的问题之一。

三、高校足球教学中足球意识培养途径分析

目前高校在足球意识方面的培养大多存在被忽视的现象，把重点都放在了技术训练方面，没有真正认识到足球意识培养的重要性。基于此在今后有必要通过深化教育改革，在课堂上采取一系列的措施，提升学生的足球意识，使学生的足球水平得到全面提升。

首先，提高学生对足球文化的认识。为了能够提高学生的足球意识，应该让学生多了解一些足球文化，多向学生讲述一些世界著名球星的故事，多组织学生看一些经典的足球比赛，以此激发学生的足球兴趣，增强学生对足球的认同感，从而为足球运动的学习奠定良好的基础。

其次，不断鼓励学生使之增强学习足球的信心。兴趣是最好的老师。在具体的足球教学中除了要激发学生的学习兴趣以外，还要重视学生自信心的培养。不要让学生对比赛的胜负结果太过于在意，不能因为一次失败而从此失掉自信心。可以组织学生多看一些经典的足球比赛，使学生的视野得到开阔，在实际的教学过程中，教师不但要使学生熟练地掌握基础知识，还要多组织学生参加一些经典模拟训练，使学生逐渐加深对足球的了解，增强足球比赛的信心。

再次，多组织学生参加足球比赛。足球是一项实践性很强的运动，在掌握了一定的理论知识的基础后，教师一定要多组织学生参加一些比赛，在比赛中使学生的技能得到进一步的提高。那么，在具体的足球实践教学中，教师要多

组织学校各个系的学生进行足球对垒，在比赛中不断提升学生的足球技术能力，不断提升学生的团队协作意识。

最后，学生的心理素质能力培养是关键。在足球比赛过程中会发生很多的不确定因素，赛场瞬息万变，对比赛者的心理素质有着很高的要求，参赛者必须具备积极、乐观、果断、坚强的心理素质才能临危不惧、随机应变。所以，在足球教学过程中一定要注重培养学生的心理素质能力，胜不骄败不馁，不管结果如何都能保持积极平常的心态。

足球运动除了能够增强学生的身体素质以外，还能够促进足球参与者的团队协作意识，使团队间的凝聚力更强。目前，我国高校在足球教学方面还存在很多问题，没有重视对足球意识的培养，足球运动技术训练和足球意识培养二者是密不可分的，只有努力培养学生具备良好的足球意识，并坚持不懈地锻炼，才能使学生的足球整体水平得到全面的提高。

第六节　高校学生足球裁判员培养

高校体育教学中，对足球裁判员的培养要给予高度重视，以提高足球裁判员的培养质量，为高水平的足球赛事提供高质量的裁判人才。本节将针对高校学生足球裁判员的培养体系展开研究。

高校体育教学中，足球是重要的教学内容。一些高校在开设足球教学课时较为注重对足球裁判员的培养。但是，由于学生足球裁判员的裁判能力不高，不具备足球裁判员应该具备的职业素质，因而高校足球赛事的发展非常不利。为了提高学生足球裁判员的裁判水平，应注重培养学生的裁判执行能力，这对高校足球赛事的发展将起到重要的推动作用。

一、高校学生足球裁判员所存在的问题

（一）临场观察中没有选择恰当的位置

足球赛场是动态而复杂的，裁判员要不断地调整自己的位置以准确观察临场情况。如果跑动的路线不对，没有选择合理的位置，就难以从宏观的角度对足球赛场进行观察，当然在判罚中也会有失公允。如果学生足球裁判员没有选择恰当的位置，甚至会对足球运动员的进攻造成障碍，对足球比赛的顺利展开造成不良影响。

（二）判罚缺乏准确性

学生足球裁判员在足球赛场上的判罚缺乏准确性。比如，裁判员在使用红牌和黄牌的时候，会因混淆而误判。对于足球运动员的越位判罚以及手球的判罚等，如果对规则掌握不准确，就会导致判罚缺乏准确性。在足球赛场上，容易出现错误判罚的是任意球判罚，无论是直接任意球，还是间接任意球，都会存在错误判罚的现象。

（三）在裁判中存在漏判的问题

学生足球裁判员在足球赛场上对犯规的现象往往会犹豫不决，如果判罚不够及时，就会错过判罚的时机，导致漏判的问题产生。

（四）手势错误

学生足球裁判员在间接任意球的手势上往往会存在错误，令人难以明白裁判员的判罚意图而无法准确定位。

二、高校学生足球裁判员培养体系的构建

首先，应对足球竞赛规则予以明确。构建高校学生足球裁判员培养体系，要将足球竞赛规则纳入该体系中，使得学生足球裁判员按照规则执行判罚。足球竞赛规则就是足球运动原则，学生按照规则执行判罚的过程中，要基于竞赛规则进行判罚，以对足球比赛准确把握。作为裁判员，需要做到按照规则判罚，以竞赛规则作为判罚的重要依据。无论是任何水平的裁判员，都要对足球规则认真学习，并对足球判例进行分析。在对足球竞赛规则的具体内容进行学习的过程中，要做好具体内容具体分析，这也是衡量裁判员裁判水平的重要标准。

其次，应重视学生足球裁判员综合素质的培养。在高校学生足球裁判员培养体系中，综合素质的培养是重要的内容。学生足球裁判员只有具备足球裁判的综合素质，才能够在足球比赛中发挥重要作用。

①学生足球裁判员应心理素质良好，能够在足球赛场上沉着、冷静，正常地发挥裁判水平，特别是在足球赛场上呈现出非常状态时，学生足球裁判员要能够正确反应，以做到正确判罚。所以，提高足球裁判员的心理素质是非常重要的。

②注重学生足球裁判员身体素质的培养。裁判员要想能够正确执法，就需要具有充沛的精力，良好的身体素质至关重要。在足球比赛中，裁判员要积极跑动，灵活地移动，对位置的选择要准确到位，以对足球赛场情况快速判断。培养学生裁判员的体能，重在培养他们的冲刺能力、耐力。

③注重学生足球裁判员道德品质的培养。足球裁判员在足球场地上要想做到公正判罚，就需要具备良好的道德品质。学生足球裁判员要对足球事业充满热爱，对裁判工作予以崇高的定位并认真履行责任。足球裁判员要具有坚韧不拔的精神，有信心面对足球赛场上的各种困难。足球裁判员要作风正派，确保校园足球的公正性，以促进高校足球运动健康稳定地发展。

最后，应建立学生足球裁判员观摩教学模式。在学生足球裁判员培养中采用观摩教学模式，就是让学生足球裁判员通过观摩学习，积累实践经验，以使其在足球裁判员领域上逐渐走上成熟发展的道路。观摩教学是一种直观教学模式，在观摩参与足球竞赛时，应让学生裁判员对裁判规则的应用进行观摩，以汲取经验。

学生足球裁判员观摩教学主要是观摩基层足球比赛，同时也会配合观摩足球裁判教学片或者组织观看足球比赛的转播。学生在观摩的过程中，就会对普通裁判员与优秀裁判员之间所存在的差别有充分了解，以提高学生足球裁判员的临场裁判能力。观摩之后，教师也要参与总结工作，与学生共同分析赛场中的各种裁判执法情况，以培养学生的临场执法能力。通过大量的观摩，并讨论、总结，学生足球裁判员的现场比赛控制能力就会逐渐提高。高校会经常举办各种级别的足球比赛，可以让学生足球裁判员积极参加，以积累现场执法经验，为自身的发展奠定良好的基础。

综上所述，高校的体育教学中，要注重对足球裁判员的培养工作，并将培养体系建立起来，以对学生进行综合素质训练，使得学生的实践能力不断提高。2020年4月，国际足球理事会出台了关于足球竞赛的新规则，这就需要在足球裁判员培养中注重采用理论与实践相结合的培养模式，以培养高素质的足球裁判人员，从而能够对中国足球事业更好地发展起到重要的推动作用。

第五章 高校足球教学实践应用创新研究

第一节 “互联网 +”时代下自媒体在高校足球教学中的应用

本节为了研究“互联网 +”时代下自媒体在高校足球教学的应用，使用了文献综述法、个案分析和观察法，得出微信公众平台这类自媒体工具带有制作成本低廉、点到点的传播直观性和信息反馈及时的特点，为高校足球教学进入互联网 + 时代下自媒体提供了可行性。随着网络技术和信息技术的快速发展，“互联网 +”是当下最热的社会话题之一，于 2015 年的两会上作为行动计划被正式提出。“互联网 +”就是“互联网 + 各个传统行业”，但这并不是简单的两者相加，而是利用信息通信技术以及互联网平台，让互联网与传统行业进行深度融合，创造新的发展生态。而这些新的互联网生态已经开始改变我们的现实生活。自媒体应运而生开始走进人们的视野，让人人都能成为信息的传播者，成为大众的媒体。强大的自媒体将信息量极大地提升，同时它具有信息的上传、制作、快速传播等功能。相反传统各大信息媒体门户相互竞争激烈，使得制作整理加工后网络资讯的花费水涨船高。因此，传统各大信息媒体门户在巨大运营成本下不得不选择具有经济效益的网络资讯，而忽视了人们日常生活学习等方面的资讯。在这种“互联网 +”时代下，利用自媒体自制具有教学功能的网络资讯则是一个不错的方向。与此同时，现今大学生信息科技工具齐全，在高校足球教学中应用自媒体模式显然是可以实现的。

一、自媒体教育——未来高校足球教学的新路径

“自媒体”是近年来新闻传播学界伴随着微信、博客（BLOG）、天涯社交网站等资讯门户的出现提出的新概念，其最早来源于美国《圣何塞水星报》专栏作家、知名博客作者丹·吉尔默，他在提出“新闻媒介 3.0 想法”的基础之上，将新闻媒介 3.0 命名为“自媒体”，并预示这一媒介将逐渐成为新闻传播流程的有力一环，之后戴尔·帕斯金（Dale Peskin）将其定义为“普通大众经由数字科技强化、与全球知识体系相连之后，一种提供与分享他们真实看法、自身新闻的途径”。微信公众平台是一种现今人们制作自媒体的主要途径，是指经过人们策划与制作整理后将资讯上传微信公众平台后再以图文音像的方式，传播给关注公众平台的用户。用户可以在移动状态和闲暇状态下观看接收和翻阅过往的资讯。同时用户与用户、用户与博主可以直观地在微信公众平台上进行交流分享。美国新闻学会的媒体中心副主任戴尔·威利斯认为：“自媒体是通过数字技术链接全球知识，从而提供一种了解普通大众如何提供和分享自身经历和新闻的途径。”自媒体与传统媒体的不同在于，自媒体倡议“自己”是媒介，不要求具备过多的专业技能和精准的文字功底，只要建立自己的微信公众平台，将资讯群发“分享”，就等于成为互联网 + 时代资讯的缔造者和传播者。这种传播方式由传统的“点到面”的传播演变成“点到点”的一种连线式的传播关系。本节通过讨论互联网 + 时代下自媒体的特性，为建立适用于高校足球教学的微信公众平台提供了有效的依据和途径，并对自媒体在高校足球教学中的应用进行了可行性研究。

二、自媒体在高校足球教学的特性分析

（一）制作素材成本低廉

微信公众平台的元素内容融合了图片、文本、音频、视频等资讯，可以单独成编，也可以组合成章。这种形式不论单独成编还是组合成章，在微信公众平台里面统称图片材料文章。图片材料文章里面也可以分成原创的和非原创的。

非原创的图片、文本、音频、视频等资讯大部分都来自网络简单转载，因此这些网络共享的元素几乎零成本。例如，“踢球者”的微信公众号转载非原创的图片材料文章，剪裁一些专业运动员比赛时的动作，并加以整理后作为小视频，然后再加上动态图片分解连贯的动作，配合上简单的文字描述，用户就能非常直观地理解这个动作。另外，原创的图片材料文章同样也可以被制作出成本低廉的效果，教师和学生都可以自主拍摄视频然后加以制作，形成不同效果的图片材料。因此，高校教师在高校足球教学中可以通过自媒体利用成本低廉的花费制作多样化的教材元素。

（二）传播直观

在传统的足球课堂教学中，绝大部分时间依赖教师亲身示范讲解，学生只能通过教师直接的灌输式的讲解示范来学习。而这些动作记忆难以在瞬间形成比较正确的理解，过去运动心理学提倡可以通过表象法，进行动作的泛化和分化。但是并不是每个学生都能时刻保持高度的注意力进行课堂学习，往往教师与学生造成“只传不授”的困境。教师通过自媒体制作教学内容视频并上传群发到微信公众平台，就能让用户无时无刻地翻阅相关内容。能否制作容易理解并且多角度展示教学内容的图文材料就要看教师的设计水平了。至少，利用微信公众平台制作储存教学内容可以有效地从过去“点对面”的教学模式（即教师讲解示范，学生简单地模仿学习）过渡到“点到点”的教学模式（即教师制作相关内容，学生自主地通过教师微信公众平台动态地了解自己疑惑的内容）。

（三）及时反馈

微信公众平台的直观性和互动性使得学生在学校足球运动中能够与同学或教师进行“零距离”接触。学生可以通过翻阅微信公众平台过往信息查找自己存在疑问的内容与同学或者教师进行线上线下的沟通和讨论。线上及时反馈主要可以通过撰写“留言板”，分享自己真实的需求，表达自己的心声，与其他同学沟通和讨论，或者寻求教师和微信公众平台管理人员的协助。线下及时反馈可以在足球场现场翻阅相关内容，通过展示给同学和教师，将自己的动作与上传的内容进行对比；另外也可将自己的动作拍摄成相关内容，自行进行对比。教师亦可以通过收集学生反馈的信息，听取学生的可行建议，促进线上和课堂教学质量。

三、自媒体在高校足球教学中的应用

（一）足球教学微信公众平台的构建

在体育课堂中，高校教师极少能够用到多媒体教学硬件。体育教师最好的课堂表达就是优美的动作示范，而不是那些引人入胜的语言魅力。因此，我们构建足球教学的微信公众平台，就是希望通过移动设备将更多的教学内容，利用互联网自媒体功能以达成多媒体教学的效果。在构建足球教学微信公众平台前，首先要使用一个认证后的微信号和有效的邮箱：①填写基本信息；②选择类型；③登记个人信息；④录入公众号信息。经过这几步之后，就需要等待微信公众平台管理员进行审批。审批通过后，就可以使用账号登入微信公众平台，而微信公众平台拥有很多功能都能满足自媒体教学的需要，例如群发图片素材、页面自动回复、自定义菜单和投票管理等功能。

（二）足球教学页面与素材的制作

在微信公众平台的订阅号中，我们可以在“自定义菜单”中设置三个内容，分别是足球教学、足球活动、教学评价。例如“足球教学资料翻译分享”公众平台在“连载”栏目分享不同教学内容。当然我们也可以模仿它们，在“足球教学”页面通过网络转载或者教师录制的方式，制作关于传球、运球、接球、战术以及体能训练的相关内容。学生根据自己需要或者课程需要进行学习。

在图文素材文章的制作过程中，组织足球技术较好的学生或者教师拍摄音像视频教程。这些音像视频教程应尽量先完整示范足球技术，然后再从不同角度展示足球技术，最后细致分解连贯的足球技术。在后期制作时，教师运用的教学语言要用标准的足球技术专业术语，将足球技术动作进行规范的讲解。

（三）善用足球活动，调动学生积极性

足球教学微信公众平台在建立之初，由于教学的因素，可能会吸引到大部分学生的自觉关注，或者在教师的要求下学生会自发性地关注。但能否长期地吸引学生的关注和自己的使用，它的教学功能显得尤其重要。所以需要善用校园里面举办的足球活动，例如，举办班级足球比赛的时候，利用足球活动开展一些关于最佳人气队伍的选举活动，同时分享一些足球战术的图文素材等。这种方式能够聚集大量的学生人气，将足球教学内容有意无意地镶嵌在活动中，使学生既可以满足参与足球的需要，又可以积极地通过微信公众平台学习足球技术。

（四）足球教学的评价机制

自媒体在高校足球教学中的应用是否能够达到比传统足球教学更好的效果，这需要在对教学后学生的学习情况、学习成绩、反馈留言和教学问卷评价等进行多维度的分析和检验后才能给出答案。而在线上的评价机制可以通过微信公众平台的用户数量、用户浏览量、分享次数、用户好评等统计结果，直观地表达足球教学能否适宜应用自媒体工具。

“互联网 +”时代下自媒体的到来促使高校足球教学有了崭新的发展路径。自媒体的出现依托于“互联网 +”时代新生态的技术，大学生群体是当下主要的互联网用户，因此构建关于足球教学微信公众平台，要把握这类工具固有的特点，同时要制作紧扣足球技术的精美图文素材，并通过善用各种线上线下的各种足球活动来提高学生的关注度以及建立良好的线上线下评价机制。随着“互联网 +”时代深入人心和大学生用户的增多，只要抓住用户的需要，自媒体在足球教学的发展不可限量的。另外，由于自媒体在足球教学中的发展时间不长，在实际的足球教学中可能会出现很多问题，但是只要以学生为主体，注重内容的新颖与健康，融合传统教学与自媒体教学的优点就能实现更好的教育功能。

第二节　足球游戏在高校足球教学中的应用

足球运动作为一项世界性的竞技体育项目，有着悠久的历史，其群众基础深厚。随着我国体育事业的发展和进步，传统的足球教学模式无法满足足球教学的新需求。足球游戏作为高校足球教学的有效教学方式，可以激发学生的学习兴趣，结合足球教学模式，提高学生的身体素质和能力。在高校足球教学中，应当根据课堂教学实际情况，合理利用足球有效开展课堂教学活动，激发学生的学习兴趣。文章结合高校足球教学，分析足球游戏的应用策略。

足球运动作为高校体育教学的重要内容，具有趣味性、竞技性和合作性的特点，深受广大学生的喜欢。在高校足球教学过程中，应当注重足球游戏的利用。在高校足球教学中，足球教师应当合理利用足球游戏，结合游戏活动使学生体验足球运动的乐趣，进而达到预期的教学目标。

一、高校足球教学中足球游戏的应用价值

（一）激发学生的足球学习兴趣

在高校足球教学过程中，学习兴趣受多个方面因素的影响，借助学生的足球兴趣，可以调动学生课堂参与和练习的积极性。足球游戏是高校足球教学的重要方式之一，足球游戏比其他教学方式更加地有趣、多样和灵活，可以帮助高校学生体验足球运动，对学生的心理和生理都有着重要的作用。因此，在高校足球教学中，应当灵活利用足球游戏，激发学生的学习兴趣。

（二）有利于开展专项针对性教学

足球运动具有非常强的技术要求，在课堂教学活动中，应当加强对学生足球技能的教学。同时由于足球技能结构的影响，课堂教学活动比较单一，学生难以掌握足球技能，缺乏学习兴趣。借助足球游戏开展足球教学活动，坚持寓教于乐的原则，可以提高课堂教学质量，从而提升学生的足球训练水平。

（三）培养学生的规则意识

足球运动是一项团队性的运动项目，需要学生之间的相互团结和协作。因此，在高校足球教学中，引入相应的足球游戏，借助足球游戏练习，不仅能够培养学生的团队合作意识，还能够以针对性高校足球教学为基础，促进学生的长远发展。同时游戏规则有利于高校学生规则意识的形成，对大学生的未来也有着重要的推动作用。

二、高校足球教学中足球游戏的类型

（一）热身类足球游戏

足球运动是一项对抗性强、竞技性强的运动项目，在课堂教学的过程中，高校足球教师应当要求学生做好相应的准备运动，提高大学生的肌肉、运动神经和身体供氧能力，以此作为基础开展课堂活动。因此，在足球教学过程中，为了完成课堂教学目标，高校足球教师应当借助趣味性和多样化的游戏活动，激发学生的足球运动兴趣，保证学生运动之前的热身效果，更好地提高大学生的身体协调能力和反应能力。

（二）技术类足球游戏

在足球技术教学过程中，高校足球教师应当借助技术类的游戏活动，加强学生技战术和技巧的培养，通过技术类的足球游戏，可以避免枯燥的足球技术训练和知识讲解，激发学生参与课堂活动的兴趣。高校足球课堂活动中，传球、运球、射门以及防守等是重要的技术教学内容，为了提高足球技术教学的效果，高校足球教师应当结合足球教学内容选择相应的足球游戏，以完成课堂教学目标，促进学生的身心健康发展。

（三）战术类足球游戏

足球运动是一项讲究团队合作的运动项目，在足球教学中，高校足球教师应当注重战术教学，帮助学生掌握战术知识内容，提高学生的足球战术意识和能力。同时足球战术具有抽象性的特点，和传球、接球以及射门等技术有着明显的差异。因此，为了保证足球战术的形象化，高校足球教师应当利用战术类足球教学，保证足球战术教学的趣味性和实用性，提高课堂教学效果和质量。

三、足球游戏在高校体育教学中的应用策略

（一）优化课堂准备环境的游戏应用策略

在传统的高校体育教学中，准备活动主要有徒手操和慢跑等形式，方式比较单一，达不到预期的准备效果。在新时期的高校足球教学中，如果依然采取重复性的准备活动方式，就可能会给学生的足球兴趣造成影响，甚至导致课堂教学的效果和质量不佳。因此，在高校足球教学过程中，教师应当借助足球游戏开展准备工作，提高足球准备活动的效果。例如，在“传球达人”的准备游戏中，将若干个学生组成一个圆圈，相互之间间隔一定的距离，学生之间相互传球，如果学生没有接到球，则需要在圆圈中心担任抢球角色。在抢球的过程中，如果能够成功地截获足球，就可以指定一名学生接替他，他便可以回到圆圈队伍中。通过这样的准备活动游戏，可以调动学生的参与积极性，激发学生的足球学习兴趣，同时达到预期的准备效果。在准备游戏活动中，还可以采取蛇形跑、螺旋跑、猴子抢球等形式的足球游戏，这些多样化的足球游戏活动，既符合学生的身心特点，能够营造良好的课堂学习氛围，又可以提高学生的足球运动能力。

（二）优化足球技术教学中的游戏活动

在高校足球课堂活动中，借助足球游戏开展课堂教学活动，可以改变足球教学的单一、枯燥以及无味的问题，激发学生的足球学习兴趣，让学生更加乐于参与足球活动。为了更好地完成足球教学目标，需要不断优化足球游戏教学方式，提高学生的足球技术理解能力，提高课堂教学的有效性。例如，在学生头部触球技术的教学中，教师可以根据班级学生的足球水平，将学生合理分成小组，针对每个小组的实际情况，开展顶推足球游戏或者头传球游戏活动。根

据各小组学生的足球水平，采取相应的足球游戏，可以提高学生头部触球的概率，培养学生的头部触球技巧，提高学生的足球技术教学效果。再如，在触球技术的教学中，教师组织学生开展“传球比快”的足球游戏活动。教师可以设置相应的时间，以两名学生作为一组，在规定时间完成传球次数最多的小组获胜。教师可以将学生分成11个人一组，在规定时间内完成小组之间的传球，也可以根据小组学生的足球技术水平，增加足球游戏的难度，加强学生的技术和技能训练。

（三）加强战术训练课程中足球游戏的应用

在高校足球教学中，战术是重要的教学内容。在足球比赛中，采取有效的战术可以为比赛胜利奠定基础。足球战术知识内容比较抽象，如果单纯对学生进行战术理论讲解的话，学生就比较难以理解和接受。因此，教师需要有效利用足球战术游戏，加强学生足球战术素养的培养，加深学生对战术知识的理解和应用。例如，教师可以通过组织学生开展人盯人、攻堡垒、三对三以及二过一等有效活动来进行足球战术训练。借助这样的游戏活动，既可以增强战术课堂教学的趣味性，为学生营造良好的课堂环境，又可以提高学生的身体对抗性和协调性，加深学生对战术知识要点的理解。例如，在攻堡垒的足球游戏中，教师结合实战培养学生的战略战术能力和谋划能力，既让学生体会到了战略战术的内涵和重要性，又培养了学生的团队合作精神。

足球游戏作为高校足球教学的重要方式，既可以提高课堂教学效果，激发学生的足球学习兴趣，使学生掌握足球的基本技术和战术，又可以锻炼学生的身体素质。同时借助足球游戏还可以弥补场地和器材不足的问题，营造良好的课堂教学氛围，促进传统足球教学模式的转变，加强学生团队意识的培养，提高学生的足球水平。

第三节　五人制足球运动在高校足球教学中的应用

相较于传统的十一人制足球运动而言，五人制足球运动更具趣味性和灵活性，也正因如此，近些年五人制足球运动在我国的发展非常迅速，不但有了专门的五人制足球赛事，而且还逐步进入学校体育教学之中。鉴于此，本节就针对五人制足球在高校足球教学中的应用进行了探讨，具体分析了五人制足球运动在高校足球运动教学中应用的必要性、可行性以及具体建议，以期能够借此为我国高校足球教学活动的开展提供一个新的视角与思路。

一、五人制足球运动在高校足球教学中应用的必要性

结合五人制足球运动的特点和当前高校足球教学的实际，五人制足球运动在高校足球教学中应用的必要性，主要可以概括为以下几个方面。

首先，五人制足球运动是十一人制足球运动的基础，有助于促进高校足球教学质量的提高。在巴西、西班牙、阿根廷等足球运动强国，很多球员都是从儿童时期就开始接触和参与五人制足球运动的，这是因为五人制足球运动具有组织灵活、规则简明、易于开展等特点，在五人制足球运动中，参与者不受越位规则的限制，可以更加灵活地跑位，因此，在参与五人制足球运动的过程中，学生的技术运用会更加灵活多样，不但能够提高各种技术的运用频率，同时还有助于学生创造性思维的培养，能够为学生未来练习和参与十一人制足球奠定良好的基础。所以说，五人制足球运动是十一人制足球运动的基础，若在高校足球教学中加以合理的运用，能够有效促进高校足球教学质量的提高。

其次，五人制足球运动的趣味性更高，有助于学生足球运动兴趣的培养。五人制足球运动独具特色的运动规则，使得学生在参与过程中触球次数多、射门机会多，相应的进球次数也多，而上述特点无疑大大提高了足球运动的趣味性，尤其是对足球运动基础较差的学生而言，增加其触球次数和射门机会，对其足球运动兴趣的激发和培养有着至关重要的影响。

最后，五人制足球运动攻防转换快，有助于学生体能素质的发展。相较于

十一人制足球运动而言，五人制足球运动攻防转换的节奏非常快，学生在参与过程中几乎整场都处于不停歇的跑动状态。五人制足球运动的这一特点，对学生的体能锻炼非常有帮助，通过参与五人制足球运动，学生的体能素质在不知不觉之间就会得到明显的提升。因此，五人制足球运动在高校足球教学中的应用，还能够进一步促进学生体能素质的发展。

二、五人制足球运动在高校足球教学中应用的可行性

首先，参与门槛低，易于普及。相较于十一人制足球运动而言，五人制足球运动的参与门槛相对较低，不论学生的年龄如何、身高如何、体能状况如何，均可以参与五人制足球运动，享受足球运动的乐趣。而五人制足球运动的这一特点无疑为其在高校足球教学中的应用提供了极大的便利。

其次，场地要求低，易于开展。五人制足球运动所需的运动场地比较小，不但可以在高校现有的十一人制足球运动场地上开展，也可以利用高校其他面积较小的体育运动场地开展，受场地限制和制约的可能性比较小。五人制足球运动的这一特点，为其在高校足球教学中的应用提供了可能。

最后，安全性高，易于组织。由于五人制足球运动的运动场地比较小，所以，学生在参与的过程中，即使整场都处于不停歇的跑动之中，也很难形成较大的冲击力。而足球运动中的多数运动损伤都与运动中的肢体冲撞有关，因此，五人制足球运动的这一特点极大地提高了学生参与过程中的安全性，使得其在高校足球教学中的应用更具优势。

三、五人制足球运动在高校足球教学中应用的具体建议

通过上文分析可知，五人制足球运动在高校足球运动教学中的应用是非常必要的，同时也是切实可行的。然而，同时具备了在高校足球教学中应用的必要性和可行性，并不意味着五人制足球运动在高校足球教学中的应用就“畅通无阻”“一帆风顺”了。实际上，由于在我国当前的体制下，五人制足球运动属于体育的范畴，因此，部分高校和教育部门并没有意识到五人制足球运动的价

值，对五人制足球运动在青少年学生群体中普及的重视力度明显不够，从而在一定程度上成了五人制足球运动在高校足球教学中应用的障碍性因素。

针对这种情况，为了提高教育部门和高校对五人制足球运动的重视程度，一方面可以考虑通过采用市场化手段运作五人制足球赛事的方式来打造五人制足球运动的品牌赛事，以逐步提高五人制足球运动的社会影响力，提高教育部门和高校对五人制足球运动的关注度；另一方面，还要注意加深对五人制足球运动价值的认识，并在此基础之上，将五人制足球运动作为普及和推广校园足球的一种手段，引入校园足球活动之中，引入学校体育之中，为五人制足球运动在高校足球教学中的应用创造条件。

第四节　高校足球教学中心理技能训练方法的应用

在所有的体育比赛中，心理状态会影响比赛的结果。因此，在比赛中，强大的心理素质是必不可少的。所以本节分析了高校足球比赛中的心理现象，并讨论了心理技能训练的方法、意义及作用。

足球的应用最早出现在中国，古代称之为蹴鞠。在20世纪初期，现代足球由欧洲传入中国。2016年3月，《中国足球中长期发展规划》（以下简称《规划》）出台。并且足球成为学校的学习课程，在校园足球的教学过程中，心理技能尤为重要。心理技能是在人脑的内部进行与形成的隐藏技能。在学校的足球教学和学生的学习过程中心理技能的相关讨论方面主要涉及：与足球比赛成绩相关的认识了解和心理行为、运动焦虑、自我知觉、个性问题、人际关系。

一、高校足球比赛中的心理现象分析

运动员在赛前会出现的心理状态分为两种。第一种的心理状态分别为紧张、淡漠、兴奋，而且紧张、淡漠会使运动员坐立不安、增加想上厕所的欲望、灵敏度下降等，甚至会使运动员发挥失常。然而，兴奋会使运动员大脑兴奋，他的肌肉活动协调性也将提高，这将提高运动员的中奖率，也就是胜率。第二种的心理状态分别为等待反应、厌腻反应、对抗反应。这三个反应都有不同的表现，等待反应的表现是松懈、身心轻松，运动员的兴奋度不够，他们的状态也不在线，那么在比赛的激烈角逐中可能会失败；厌腻反应的表现是没有很大的比赛愿望，容易出现身体无力、易疲劳、头疼、口渴等症状；对抗反应是心态的边界。

二、心理技能训练的方法

心理技能训练是选择具体的方法和手段来影响人的心灵，对大脑进行专门化训练，然后以此达到强化心理技能、培养特殊心理能力的目的。总的来说，心理技能训练是系统化、持续化地对精神或心理技能的练习。

要想培养学生的足球习惯和意识培养，首先，应收集有趣的教学方法，传授最基本的理论知识给学生，使学生能对足球运动有更准确、更深入的了解，然后在足球的教学和学生的学习过程中，要让学生将传、接、射这三个最基本的动作熟练到极致，同时也要培养他们在攻击和防守体系中的跑位意识，并加强训练，让他们的身体有一个跑位自然反应。

（一）表象训练法

表象训练法又称念动法，顾名思义就是运动员在头脑意念的指示下在头脑中反反复复的想象每一个动作，不停地加强记忆，并完成准确的动作。这样可以唤醒肌肉记忆，找回训练场上的感觉。通过表象练习，可以有效地促进学生学习足球的积极性，激发学习兴趣，降低紧张焦虑感，控制自己的坏情绪。

（二）自我暗示法

自我暗示法就是通过动作语言、表情语言等方法对运动员的心理造成影响，从而调控运动员的情感思绪等心理活动，由此控制其行为。自我暗示法有积极自我暗示法和消极自我暗示法两种。积极自我暗示法可以鼓励自己，使自己为好的成绩而奋斗；消极自我暗示法会对运动员造成不良影响，会让他们感到自卑，进而影响比赛成绩。在当前形势下，大多数运动员都采用加强力量的暗示方法，这种方法符合高校运动员的心理特征，也比较先进。

（三）意志训练法

意志训练法就是运动员克服重重困难，建立自信，并实现已确立的目标。常见的意志训练方法包括鼓励法、诱导刺激法和施加压力的方法。有的运动员身体素质较差，那么就使用鼓励法。在赛前准备阶段，可对运动员进行素质的训练、战术的指导、实战的演习，适当地对运动员增添一点压力，使他们有赛前的心理准备，提高他们的信心，增加发挥完美的概率。如果意志训练十分到位，那么运动员就会精神抖擞，发挥稳定；反之不会。

（四）模拟训练法

模拟训练法是一种实用的模拟练习方法，该方法将会在赛前模拟正式比赛时可能出现的意外，并能够使准备参加比赛的运动员做好防御性准备。它有两种方式：真实场景模拟和语言图像模拟。在真实场景模拟中模拟突发情况，可使训练的人找到应对方法。

三、心理技能训练的意义及作用

（一）心理技能训练的意义

心理技能训练是竞技运动练习的重要构成，也是学校体育教育的基础建设之一。

（二）心理技能训练的作用

心理技能训练既能提高自我调整控制情感思绪的能力，又能增强毅力和品格，既能掌握和改进动作的技术和能力，又能消除心理和身体上的疲惫，加速恢复过程。

中国足球在2016年出台的《规划》中提到三个时期，分别是近期、中期、远期。在这三个时期中，中国足球有不同的目标，在不久的将来（从现在到2020年），发展目标是保持基层、强大基层、奠定基础；在不久的将来之后（2021年到2030年），发展的目标是动力更足、更有朝气、更受中国人民的欢迎，跻身世界强大的足球队；更长远（2031年到2050年）的目标是实现足球领域一流强国，中国足球全面发展。从中国制定的长期目标来看，我们更应该在校园足球中做到最好，特别是在心理技能训练方面。让学校运动员具有良好的心理素质，在激烈的竞争领域发挥稳定，取得更优异的成绩。

第五节　支架式教学模式在高校足球教学中的实践应用

足球教学能够提升高校学生的身体素质水平，使学生掌握足球运动技巧，促进我国高校学生的综合素质发展。传统的教学模式已经无法适应我国高校的足球教学目标，因此本节主要基于支架式教学模式，讨论了支架式教学模式的重要概述和教学过程，重点讨论了支架式教学模式在高校足球教学中的应用。

在高校足球教学中应用支架式教学模式，能够有效提升教学质量，但是据调查，目前我国高校足球教学中并没有大范围应用支架式教学模式。在高校足球教学课堂中应用一定的教学方法和教学策略，把课堂教学与支架式教学相结合，能够促进我国高校足球教学的多样化发展。

一、支架式教学模式的重要概述

人在受教育的过程中会形成高级的心理技能，心理技能分为高级心理技能和低级心理技能两种，而最近发展区理论则是说学生在受教育的过程中会有两种发展水平，一种是现有的发展水平，还有一种是在他人的指导下达到的一种发展水平，这两种发展水平中间的差距就是最近发展区。这一最近发展区的理论知识是由心理学家维果茨基首次提出来的。支架式教学模式就是基于最近发展区的理论知识，强调教师要在课堂教学中给学生们提供有效的教学条件和教学平台，引导学生开展知识学习，并通过课堂学习掌握和理解新的知识。支架式教学模式的核心就在于支架的构建。例如，在语文课堂教学中，教师可以通过描述不同的词语含义，让学生在了解这个词语的基础上完成对整句话的理解，然后是对整个段落和文章的了解，这个支架搭建的过程，就是支架式教学，应用支架式教学能够有效培养学生的逻辑性和连贯性。

二、支架式教学模式的教学过程

支架式教学是从国外引进的新兴教学模式，能够培养学生的综合能力，提升课堂教学质量。支架式教学总共可以分为五个教学步骤，第一步就是要建立支架，例如，在讲解足球的侧踢球运动内容时，教师可以在上课开始之前先给学生播放足球比赛的片段，让学生通过观看球员侧踢球的段落，更加直观地感受侧踢球的角度和方法，从而能够为学生后期的学习建立学习支架。第二步则是需要给学生建立学习情景模式，让学生能够从真实的侧踢球运动中，感受侧踢球需要使用的力度和角度，并从实践教学中锻炼踢球技巧。第三步是教师要引导学生自己在实践中探索和掌握侧踢球的技巧，不同的学生有不同的学习能力，教师给学生预留出充分的时间，能够让学生更快更好地掌握侧踢球的技巧。教师和学生要加强沟通交流，因此第四步就是教师和学生、学生和学生之间要进行彼此的交流讨论，互相交换足球技能。第五步则是进行学习反思，让学生反思和评价自己在学习过程中的得失，通过反思来总结足球的相关知识点，体会足球运动带来的乐趣。

三、支架式教学模式在高校足球教学中的应用

（一）设计教学支架

在高校足球教学中应用支架教学模式，能够给学生提供更加多样化的教学方法。支架式教学模式需要首先设计好支架，教师要应用自己掌握的教学知识和教学经验，基于学生实际的足球学习情况，根据学生的发展规律和发展需求，开发出更加适合学生足球学习的教学支架，在教学支架中精心设计每一个教学步骤，避免教学中出现过于大的跳跃性教学知识，导致学生无法快速理解知识。教学支架的设计要以学生为重要基础，以符合学生实际情况为主，形成多样化的教学支架，促进学生的个性化发展。

（二）尊重学生的主体地位

支架式教学模式强调了学生是课堂教学的主体，教师在课堂教学中属于引导者的位置，因此在高校足球教学中，教师要应用支架式教学模式，引导学生积极主动地参与课堂教学活动，提升学生的参与积极性，让学生通过足球学习

感受运动的快乐，了解足球运动的学习价值。在课堂教学中，教师要充分地尊重学生的选择，多使用鼓励的语言来提升学生的学习能力，培养学生的内在运动潜能。

（三）根据学生能力搭建支架

不同的学生拥有不同的身体素质和不同的运动能力，这跟学生原有的运动经验还有接受新鲜事物的能力有很大的关系，因此针对不同的学生，教师要使用差异化的教学方法，搭建出多样化的教学支架。根据不同学生的身体素质和发展水平，教师可以成立小组合作学习模式，让一个学生带另一个学生，通过这样的教学方法来拉近不同学习能力学生之间的学习差距。

（四）加强学习进度的追踪

完成教学任务并不算是支架式教学模式的重点，只有学生真正地掌握了运动的技术和技巧，才能够把支架式教学模式的价值发挥出来。在课堂教学中教师要针对不同教学阶段的学生学习情况进行综合评价，相应地调整自己的教学支架，确定教学支架的建设能够适应学生的学习情况，满足学生的发展需求。

支架式教学模式创新了高校足球教学观念，提升了高校足球课堂教学的质量和效率。

第六章　高校足球训练基本理论创新研究

第一节　高校足球训练的问题

一、高校足球训练的现状分析

（一）教学理念存在误区

传统教育是应试教育，学生在学校学习的最终目的是考个好成绩，完全忽略了学生其他方面能力的培养。学校领导乃至教师，他们都觉得体育课的设立没什么必要性，有些学校即使有体育课，但是上课时教学方式受应试教育的理念影响，遇到考试需要复习的时候，很多教师会选择将体育课用来上其他科目的课程，学生也只好听从教师的安排，减少体育课的次数。从长期的教学情况来看，这显然不利于学生足球课程的学习，影响他们的身体健康。

（二）体育基础设施不健全

由于经济水平不同，各地区的发展状况也是各不相同的。尤其是城乡差异化，在学校教育基础设施方面日益突显。在城市中，学生都享受着比较优越的教学环境，但乡村的教学环境明显落后，在体育课中开展足球教学的效率也受到了设施的影响。在足球课程开展过程中，因为没有正式的足球运动场，学生只能在水泥地和坑洼不平的路面上踢足球，这样容易使学生受伤，很多学生家长考虑到孩子的健康问题，也不支持学生踢足球。同时在农村学校中足球的数量也是有限的，常常会出现多班教学、足球供不应求的现象，这不利于足球教学的顺利进行。缺乏足球教学的正规场所以及足球数量的不足，长时间这样也消退了学生对足球的积极性。学校的足球教学是存在滞后性的。

（三）缺乏专业的足球教师

在其他应试科目上，学校都会安排专业教师上课，但是在选择体育教师任课时，他们的专业性是存在漏洞的。就体育教师的实际情况来看，他们处于一种替补式的地位，常常跨越多个科目，没有专业系统的学习安排。缺乏专业的体育教师进行足球教学，不仅影响教学质量，而且也使整个足球教学过程变得枯燥乏味，最终也会使学生对足球的兴趣降低。

二、足球训练游戏在高校足球教学过程中的要领

在高校足球教学过程中，足球可以分成热身阶段的足球训练游戏、提高足球运动技能与技巧的足球训练游戏、促进战略战术筹划能力的足球训练游戏三个部分。下面笔者将详细叙述这三部分足球训练游戏的实施办法。

（一）热身阶段的足球训练游戏

为了提高学生身体的灵敏性以及柔韧性，避免学生在运动当中出现身体损伤，需要进行热身运动，使学生身体的温度升高，加快身体中血液流动的速度，放松身体肌肉，进而达到减小运动造成的损伤以及运动之后带来的肌肉酸痛感的目的。传统的高校足球教学大多采用学生集体广播操、集体慢跑等方式。笔者建议在热身阶段应当尽可能多地采用足球训练游戏，比如可以进行运动接球和颠球比赛等足球游戏趣味项目。学生通过以上热身时的足球游戏训练，不但能够达到加速身体内血液流动的速度、放松肌肉的目的，而且还可以让学生提前进入足球教学中，为接下来足球的技能与技巧训练以及战略战术谋划能力训练打下坚实的基础。

（二）提高足球运动技能与技巧的足球训练游戏

传球、接球、运球、头顶球、射门和掩护球等技能技巧都是高校足球教学

大纲当中要求学生掌握的。传统足球教学模式当中，体育教师大都会采用先给学生讲解，后让学生自主练习以及教师在一旁进行辅导的方式向学生传授足球技能与技巧。这种传统教学模式所得到的效果会事倍功半，笔者建议高校体育教师能够合理地安排足球技能技巧的教学。从简单到复杂，逐步提高足球技能技巧的训练力度和难度，可安排学生在一个压力相对较小的环境进行训练，再通过限时、增加盯防人数以及在规定空间内让学生及时摆脱对方的实战训练方法，在游戏中教授接球、传球、抢点射门等技能。此方法能够寓教于乐，让学生在提升自己足球技能的同时还能够享受游戏带来的乐趣，从而缓解运动带来的疲惫感。

（三）促进战略战术谋划能力的足球训练游戏

足球运动由于其本身是一项团队成员协作才能完成的体育运动项目，因此成员之间的战略战术谋划能力也是极其重要的。在一项足球运动中，每个成员都需要在运动中考虑自己的最佳位置、最佳传球路径、最佳射门时机以及面临队友传球给自己的时候自己应该如何站位等。在传统高校足球教学当中，体育教师多半采用沙盘演练的方式对战略战术进行讲解，这种方法由于脱离实践，会导致学生难以掌握其要领。笔者建议能够在足球教学当中尽可能选用足球游戏项目，比如二过一传球、攻堡垒等。尽可能多地采用足球游戏项目，不仅能够让学生在实战中提高自己对各种战术的了解、领略其战略战术的真正内涵，还能够提高学生的团队合作精神，明白战术的有效利用离不开团队的共同作用。

目前，我国正在开展校园足球活动，在全新的校园足球环境下，高校需重新审视与思考高校足球教学模式，接受全新的挑战，从基本的教学改革入手，更新教学理念，改革教学方法。教学方法的改进要在保留原有传统教学方法优点的基础上，广泛应用现代更为科学的教学方法，充分发挥新办法在提高足球水平方面的作用。目前，要切实提高我国高校足球教学质量还有很长的路要走。

第二节 高校足球训练教学科学化

近些年来，我国高校为了顺应国家实现足球强国的目标，增强学生的身体素质，开始加强对学生的足球训练教学活动，这种足球课程深受学生和教师的喜爱，但是为了保证足球训练教学的科学化，就要探索和发现更多更新的训练方法来满足学生的学习需求。本节分析了高校足球训练教学科学化的重要意义、和现状存在的问题，并提出了进一步完善高校足球训练教学科学化的合理有效措施。

一、加强高校足球训练教学科学化的重要意义

高校积极加强足球训练教学的科学化是注重大学生身体素质的表现。这有利于提高学生锻炼身体的意识，培养大学生的足球兴趣，让大学生可以自发地开展足球活动来锻炼身体，从而满足大学生身体发展的需要，也为大学生未来的终身足球学习打下了良好的基础。另外，足球训练活动也是一种健康的文化娱乐活动，学生可以通过参加足球训练交到更多志同道合的朋友，增进同学之间的感情，也有利于舒缓紧张的学习压力，陶冶情操，充实自身的精神生活，使学生在生活中一直保持积极乐观的心态，形成良好的生活习惯，让自己的校园生活更加生动充实。还有，通过进一步推进高校足球训练教学科学化的发展，让学校更加重视对学生的足球教育工作，以此提高学校的足球教育水平，从而培养全面发展的高素质大学生，使学生将学校的足球文化发扬光大。

二、高校足球训练教学科学化的现状和存在的问题

现阶段，虽然我国大部分高校为了顺应高等足球教育改革的需要，也在积极推进足球训练教学科学化的发展，尤其是加强对学生的足球训练，使我国高校足球教育相较以往有了很大程度的进步。但是，在进行足球训练教学科学化的过程中仍然面临着诸多的问题和挑战。

（一）重视不足，足球场地和设备条件较差

我国仍有一部分高校没有认识到加强足球训练教学科学化对学校和学生发展的重要性，这些学校不够重视足球教育工作，在此方面投入的资金和人力力度较小，导致足球活动场地较少、足球器材比较老旧且不够齐全和完善，而且学校安排的足球课程较少，足球训练教学活动环境较差，难以给学生提供时间和空间上的有利条件，不能满足学生锻炼身体的需求，不利于提高学生的身体素质。这些因素使高校足球训练教学科学化发展得不够顺利。

（二）足球教师的教学方法落后、教学水平较差

高校足球教师在开展足球教学训练活动中，使用的教学方法较为落后单一，仍然沿用传统以教师主讲为主，忽略学生作为教学的主体，没有根据学生的身体状况以及其他因素，因材施教，缺乏对学生足球教育的专业化和科学化的管理和指导，而且部分足球教师没有树立认真负责的工作态度，对学生的教育管理不严格，使学生在参加足球训练教学活动中比较随意、不受约束、形成一个比较固定的足球运动团体，使学生的足球学习能力较差，这也是阻碍高校足球训练教学科学化发展的一大问题。

（三）学生参与足球训练教学的积极性较低

我国高校的学生长期受应试环境的影响，比较重视学习文化学科，对加强体育锻炼的意识较差，对参与足球训练教学活动的积极性较低，大部分学生更偏向于为最终的足球考试做准备，很少有学生是出于自身爱好而参加足球训练教学的。另外，高校学生的课业任务较多，参加足球训练的时间较少，频率较低，使学生的足球学习能力较差。

三、进一步完善高校足球训练教学科学化的有效措施

（一）加大重视和投入力度

高校要认识到加强足球训练教学科学化发展的重要性，提高对足球训练教

学科学化的重视，并且加大对足球教育的资金和人力支持。首先，高校应该把加强足球训练教育工作作为提高学生身体素质的重要内容，制定更加完善的足球训练制度，增加足球教学课时，安排足球技术水平较高的教师进行教学，保证学生可以更好地参与足球训练教学活动。另外，高校要改善足球训练教学环境，给学生提供较好的足球训练教学场地，更换比较落后的足球设备，同时可以通过周六日开放足球馆等方式，使学生积极参与足球训练活动，提高学生的足球技术水平。

（二）建设一支高水平、高素质的足球教师队伍

高校要建设一支高水平、高素质的足球教师队伍。因为，足球教师是推进学校足球训练教学科学化的组织者和执行者。高校足球教师应该高度重视学校的足球教学工作，认识到自身工作的重要性，努力提高自己的教学水平，尝试使用多种教学方法，帮助学生提高足球能力。高校足球教师要不断提高自身的素质，增强教师的责任感，为学校推进足球训练教学科学化改革发展献计献策，主动解决一些问题。另外，高校足球教师要努力争取和依靠学校领导的支持，获得充足的足球活动经费，只有这样才能组织更多的足球训练教学活动。高校足球教师应积极鼓励组织学生参加足球训练教学，使学生能够掌握一些足球技能，推动高校足球训练教学科学化的发展。

加强高校的足球训练教学科学化，不仅可以使学生更加热爱足球运动，提高学生的身体素质，还能提高学校的足球体育教育水平。当前在开展足球训练教学科学化的工作中存在着许多问题。基于此，高校应加大对足球教学的重视和投入力度，建设一支高水平、高素质的足球教师队伍，更好地指导和管理学生的足球学习，并且应开展丰富多彩的足球训练活动，提高学生学习足球的积极主动性，还应加强足球训练教学科学化效果评价制度，增强学生学习足球的信心和动力，以此促进高校足球训练教学科学化的发展。

第三节　高校足球训练理念

科学、有效的足球训练理念对于高校的足球教学有着重要的意义，在正确的足球训练理念的指引下，同时配合着良好的训练方法，可以促进高校足球训练更好地发展。本节首先阐述高校足球训练理念的重要性；然后分析高校足球训练理念发展中存在的问题与解决对策；最后分析高校足球训练理念实施中存在的问题与解决对策，这可以为以后的足球训练提供一定的参考。

在教育体制改革背景下，教育部对于高校的体育教学、体育训练有了更多的要求，要求在足球训练中能够促进高校学生的全面发展。足球训练是体育运动中的重要项目，进行正确的训练对促进学生的发展起着重要的作用，也对教师的足球训练理念有着更高的要求。

一、高校足球训练理念的重要性

在高校中开展足球训练，可以很好地贯彻足球训练理念中的设定原则和让学生重视足球训练理念。首先，足球训练理念体现着高校训练理念中以人为本的思想，让足球教师不只是关注学生的足球考核成绩，更需要关注学生的身体素质。通过足球训练提高学生的抵抗力，达到强身健体的基本目的，同时也要促进学生身心的全面发展，让学生在足球训练中充分享受足球学习的乐趣。其次，可以在体育教学中树立足球训练的理念，让全校师生、领导都对足球训练更加地重视，进而关注足球训练中的场地设施、运动安排等问题，然后定期地举办相关的活动，如足球运动会、足球比赛、足球游戏等，鼓励学生积极地参加这些活动，进而提高自己足球的水平。最后，高校进行足球训练理念的推广，足球教师的教学理念起着十分重要的作用，因为足球教师可以通过足球训练，让学生掌握正确的足球技巧、技能等，同时足球教师还能根据每个学生的特点制定适合每个学生发展的教学理念，这样可以让学生在足球学习中减少错误，进而促进学生足球能力的提升，使学生树立正确的足球训练理念。

二、高校足球训练理念发展中存在的问题与解决对策

足球训练理念是现代足球的一种发展趋势。足球训练理念对足球技巧、比赛经验等方面的总结和研究有着十分很重要的作用。当前，我国的足球训练理念发展还存在一些不足之处，主要体现在以下几个方面：第一，当前的足球训练理念模式较为落后，同时教学形式也比较传统；第二，足球教师由于自身水平的限制，影响了足球训练理念的正确传达，因而不能对学生进行很好的足球训练理念的指导。第三，当前，我国的一些高校对足球训练理念中的体能训练很重视，而对理念学习并没有太重视，然而，科学的足球训练理念可以帮助学生合理地进行足球训练，同时让学生在足球训练中少走弯路。如果足球教师不重视足球训练理念的传播，会让学生在足球训练中对足球项目的认知产生偏差，进而影响学生的足球训练效果。

针对上面这些问题，本节提出一些措施来促进高校足球训练的发展。第一，高校在实行足球训练时要重视培养学生的综合素质，同时也要遵循体育活动的规律，重视足球训练中的规律、特点等，以科学发展观为基础来进行足球训练理念的教学。第二，足球教师要提高自身的知识水平和足球训练理念，更好地对学生进行足球训练的指导。第三，高校和相关的体育部门应该举办与足球训练相关的活动，更好地充实足球训练理念的知识架构，让教师和学生掌握更好的足球训练的技巧、方法，让足球训练理念具有一定的前瞻性。

三、高校足球训练理念实施中存在的问题与解决对策

高校足球训练理念实施中存在的问题主要包括以下几点。第一，足球教师在进行足球训练教学中使用传统的足球训练方法，不能很好地将足球训练理念与足球训练实践进行结合，这样就导致了学生在足球训练课中积极性不高。第二，当前的足球训练方法较为单一，足球教师在进行训练的过程中不能有效地锻炼学生随机应变的能力、团队之间协作的能力，这使得队员之间的配合不默契，对战术的配合程度也存在一定的分歧，进而影响了学生在足球训练中更好地构建足球训练理念。第三，当前的足球训练会忽视学生的心理问题，一些高

校认为足球训练是一项有着很强竞争性的项目，因此足球教师在训练时，会对学生有很高的要求，希望学生赢得比赛，长此以往会对学生的心理造成一定的影响，进而产生心理压力，降低学生的心理素质。

针对以上出现的问题，本节提出以下的措施来促进足球训练理念在学生足球训练实践中的发展。第一，足球教师应该使用针对性的足球训练理念来制定合理的方法，足球教师应该了解学生在训练中存在的不足之处，同时根据每个学生的特点制定不同的足球训练活动，进而提高整个团队的足球训练理念。例如，足球教师在进行足球训练理念的实践操作时，可以将学生分为不同的团体，同时让学生以团体的名义开展一定的比赛活动，在比赛的过程中让学生运用足球训练理念的方式进行，这样会提高学生对足球训练的积极性，还能提高学生的团体意识，进而掌握相关的学习技能。第二，足球教师要引进国外先进的足球训练理念，对训练方法进行一定的创新，同时让学生参与足球训练方法的创新，以此激发学生的主动性和积极性。第三，足球教师要将学生的心理素质与足球技能结合在一起，在足球训练的过程中，让学生保持良好的心理素质，这样可以帮助学生在进行足球训练时能够用良好的心态进行比赛，同时还能让学生增强自信心，进而在足球比赛中减轻心理压力。例如，教师在开展足球训练活动时，要对学生进行一定的鼓励，当学生出现错误时，不要立即批评，找到问题症结时，要耐心细心地讲解示范，并多鼓励，这样有利于增强学生的心理素质，进而使学生更好地参加足球训练。

综上所述，高校在开展足球训练时，应该以正确的足球训练理念作为指导，同时将理念应用于实践中，并不断地进行加强。当前，我国的足球训练理念还存在不足，不能很好地促进学生的发展，因而高校更需重视足球训练理念的建立，并根据足球训练理念的核心，采取必要的措施解决足球训练中遇到的问题，以此促进高校足球训练的发展。

第四节 高校足球训练中的体能训练

随着足球体育项目的迅速发展，足球比赛也越来越受到人们的重视，高校足球运动员在比赛过程中也表现出了高超的技能与战术水平。而越来越激烈的足球比赛对高校足球训练中的体能训练也提出了更进一步的要求。目前世界足球技术越发成熟与灵活多变。因此，学生足球运动员只有具备了良好的体能，才能不断适应比赛的要求。

传统足球训练中的体能训练只注重对成绩与素质的追求，从而忽略了在体能训练中对学生潜力的挖掘以及对学生自身拼搏意志的培养。因此，我们不能简单地将足球训练中的体能训练看作学生素质与身体的训练，体能训练与身体素质二者之间既有联系又有明显的区别，本节主要对高校足球训练中的体能训练策略进行探讨。

一、体能训练的必要性

（一）高校足球训练理念落后

我国高校足球训练理念相对落后，还处于以成绩论英雄的教学状态中，急功近利的思想仍存在于广大足球教练员的思想中，正是由于这种根深蒂固的思想，学生在训练过程中经常会有受伤的现象发生，这种落后的训练理念也严重地制约着我国高校足球整体水平的提升。就单纯地从训练理念角度出发，每个教练员在足球体能训练中都发挥着重要的作用，他们决定着足球体能训练的内容和计划，同时也决定着高校学生的训练方式。正因如此，只有让学生不断接受全新的足球体能训练理念，我国足球训练的整体水平才会慢慢提升。

（二）足球体能训练模式单一

对高校参加足球体能训练的学生来说，只有具备良好的心理素质才能适应高强度的体能训练。因此，在挖掘学生自身潜能的同时，也要注重培养其顽强的心理意志和心理素质。足球项目不仅仅是检验学生们竞技能力的唯一标准，更是检测运动员技能和心理素质综合能力的手段。然而，我国的足球训练方式仍停留于粗狂与单一的教学模式中，一直也没有较为系统性的指导与配合，并且对学生们在足球场地上的随机应变能力也有所忽视。与此同时，在足球教学中足球项目是一项正规的竞技项目，随着足球技能难度的不断提高，足球运动正在向着娱乐与健身的方向发展。鉴于此，目前很多高校只满足了足球在竞技上的要求，而忽略了教学与实践相匹配原则。

二、体能训练对足球训练的意义

体能是技能形成的基础，技能是体能的具体表现形式。体能训练决定着学生的体育总成绩，在传统的足球体能训练中，只将足球运动列为单纯的技能项目，导致足球运动走了很多的弯路，同时这也是导致我国足球运动整体水平始终得不到提高的一个重要因素。这一因素的出现严重影响了足球运动的可持续发展，体能训练是学生在训练和比赛中良好心理素质的先决条件，同时也是一支足球队取得优异成绩的必要元素。总之，由速度与力量等运动素质构成的技能是足球技术的基础，因此，在足球训练中应当加强体能训练这一重要内容。

三、高校足球训练中的体能训练策略

（一）落实以人为本的体能训练理念

足球体能训练大致通过以下 3 个目标来完成：第一，学习足球这个项目的学生一定是喜欢和热爱足球的人；第二，让每一个学生都养成科学的足球体能训练习惯并要一直坚持下去；第三，培养学生顽强的意志与团队协作能力。作为高校中一名优秀的足球教练员，不仅要具备扎实的足球知识，还要对学生的身心特点进行认真的研究，并运用针对性的教学方法去激发学生对足球的学习兴趣，让学生们从内心真正爱上足球这项体育运动，因此，要将以人为本的理念融入高校足球体能训练中。

（二）进一步优化现有的教学方法

这个目标的实施与达成，不仅需要学生与教师的配合，更是需要在每天的训练之后，对自身进行总结与反省，只有这样才能应对在今后训练过程中的不足并不断地提高与改正。同时通过自我反省这样的训练模式，不仅能使学生掌握和巩固相关的知识，也能让学生进一步了解足球这项体育运动，从而发现它的魅力，并提高对这项运动的热情。在训练过程中，当发现学生有训练不当的地方时，教练员要及时地加以指导，争取让每一个学生都有一套符合自身的训练方案，也可以让训练方式大致相同的同学组成一个小组，并分享自己的训练心得和过程，这样彼此之间对统一动作也会有更深层次的了解。

（三）采取必要的耐力训练

在高校足球的体能训练中，对学生进行耐力训练是促进身体新陈代谢的一个重要手段，对促进人体心血管和呼吸系统的健康起着决定性的作用。如果一个学生不具备良好的耐力就不能取得较好的成绩。因此，在教师制定好训练计划和一定的训练量后，绝对不允许的就是学生的“讨价还价”，必须要保证体能训练项目的质量以及不折不扣地完成训练任务。但是需要注意的是，教练员在选择耐力训练项目的时候，要注重教学手段的灵活运用，最大限度地防止学生在训练过程中产生负面情绪，及时采取蒸汽浴等按摩手段来恢复和提高学生的训练速度。

（四）采用多种教学手段提高学生的训练速度

足球运动是一项同场竞技的运动项目，有着动作速度、反应速度以及运动速度等情况复杂多变的特点，同时对训练过程中的速度也有严格的要求。在足球运动中这几种速度的转化都发挥着不可替代的作用。因此，在训练过程中，要对教学手段进行灵活的切换，在速度训练中学生一定要集中精力。由于速度训练对学生体能的消耗是极大的，因此教练员在安排学生训练的过程中要将学生的反应速度放在首位，其次再进行运动速度的训练，只有合理地安排好训练的顺序与内容，才能取得良好的训练效果。

（五）将心理训练法融入体能训练中

心理训练法是足球体能训练的一项重要内容，当在训练过程中出现不好的局面时，教练员一定要引导学生调整好自己的心态，积极地并且从容不迫地去迎接下半场比赛。与此同时还要让学生明白一定要坚信球队和个人是一个整体，是不可分离的。教练员还要对有心理障碍的学生进行悉心的引导，今后在面对同一问题时，学生们便会不再紧张，这在一定程度上也提高了学生应对与解决问题的能力。

四、进行足球体能训练的具体要求

第一，足球体能训练不是一天两天就能练就成功的，必须要树立持久的体能训练观念以及持之以恒的心态，才能保证体能训练水平不断提升。第二，合理安排训练计划和内容，学生要结合自身身体情况，注重体能训练的协调与发展，重视体能训练的方式与专项体能训练的技能。教练员要针对学生不同的体能水平，制定出针对性的教学内容，因材施教合理科学地安排各项体能训练，力争做到基本训练与体能训练的均衡发展。第三，体能与技能训练穿插进行，体能训练只有与技能训练穿插进行，其训练过程才富有趣味性，学生不会为了体能训练去进行体能训练，要想做到以足球训练为目的的体能训练，就要让体能训练充满快乐与刺激，让学生对足球体能训练有兴趣，并愿意坚持下去。

综上所述，体能训练是足球训练的重要组成部分，因此，高校中的足球教练员在提高学生体能训练的同时还要深刻地理解和掌握足球体能训练的基本要领与技巧，这也是提高足球运动体能训练的前提与保障。

第五节　高校足球教学中的核心力量训练

核心力量的训练一直是现代体能训练中的难点。高校足球是我国足球事业的重要组成部分，重视高校的足球事业，对于我国体育事业的发展有着重要的意义。但是从目前情况来看，在高校的足球教学中进行核心力量教学还不太常见。

一、核心力量训练概述

核心力量是指以一个支点为中心架起整个身体的力量。核心力量训练是指对中心区的力量进行训练，重点是锻炼身体的几个主要部位，如腹直肌等。对于核心力量的训练前人已有研究，可是国内外并没有给出一个准确的说法来进行表达。因此，在集各家之言的过程中很可能会出现理解上的偏差，需要辩证地看这个问题。

二、在我国高校足球教学中进行核心力量训练的重要性

核心力量训练最开始是在医院，医院的病人受伤需要进行身体力量方面的恢复，它是对病人身体做的一些针对性的训练，但是发展到如今阶段，核心力量训练在足球运动员发挥得更稳、更持久以及增强瞬间爆发力和降低损伤等方面具有很强的效果，所以核心力量训练目前已经成为体育训练的重要内容。

在高校足球教学中进行体能训练是因为足球运动本身就是典型的集速度、力气、技艺于一体的体育运动项目。在足球运动员平时的训练当中需要完成各种跑、跳、急停、转身等基础动作，并且还有踢球、停球、控球、运球、射门等动作。而这就十分考验运动员的瞬间爆发力和持久力，如果运动员的身体素质和瞬间爆发力非常好，那这些运动员在完成一些技术动作时，会做得比别人更完美。所以在高校足球教学课训练中进行核心力量的训练，是帮助学生得以应对多元化技术、快节奏攻防及激烈对抗挑战的关键。而传统体能训练中的力量训练与现如今的足球现状有些脱节。传统的体能训练基本都是通过举哑铃来

锻炼下肢肌肉的力量的，但这样并不能很好地把足球运动员的潜力发挥出来。综上所述，核心力量训练现在已经成为现代足球训练的最重要内容。

三、核心力量训练对高校足球运动员的影响

（一）增强运动员的稳定性

动作稳定对一个运动员来说是至关重要的，稳定也是协调的另一种说法，身体各部分肌肉协调配合，就可以完成一整套流畅的动作，无论是在传球、运球还是头顶球时都能发挥重要作用。肌肉发散出的核心力量对整个身体起到支撑的作用。通过训练核心肌肉可以延长肌肉的稳定时间，让整个身体的肌肉处于活跃状态，更好地完成训练任务以及比赛任务。

（二）提高运动员的协调性

在比赛过程中会有很多激烈的动作，如果运动员运动不当就会造成肌肉拉伤甚至更严重的状况出现，核心肌肉训练能够培养身体的协调性，同时能够培养平衡感。通过协调大肌肉群与小肌肉群的运动配合，就能使身体更好地固定住，减少受伤事件的发生。因此要经常使用核心肌肉训练方式进行训练。

（三）有效预防运动员受伤

足球运动员是运动量很大的运动员，在比赛或平时训练时，不仅仅是自己会造成伤害，有时也会受到来自外界的伤害，核心肌肉训练不仅可以预防肌肉受伤还可以在肌肉受伤之后对肌肉进行修复，并且速度会快于其他的方式。在训练过程中，使用核心肌肉训练，会保证正确的姿势，这样就能够很好地避免事故的发生。

（四）保证动作的完成

足球运动需要球员在场上奔跑很远的距离，消耗很多的体能。运动员在疲倦时，反应会减缓，身体也会变得僵硬，无法完成连贯的动作。核心力量的训

练，会改善因体力消耗过大而造成的动作不灵活的现象，不仅如此还能提高运动员的持久能力。

（五）调节运动员的心理

运动员心理压力会比较大，经常做核心力量的训练，可以调节运动员的心理状态，让其充满自信心，同时身体素质提高了，心理承受能力也会增强。

四、高校足球教学中核心力量的训练方法和训练要义

（一）高校足球教学中核心力量的训练方法

人们根据运动情况将核心力量训练分为稳定与不稳定状态的核心力量训练。稳定状态的核心力量训练是指不借助于任何的器材而进行的肌肉训练，主要是俯卧撑等。这样可以锻炼肌肉的稳定性与肌肉的控制能力。不稳定状态的核心力量训练是指借助多种器材通过外部的力量对肌肉进行的训练。通过对肌肉的训练不仅可以提高运动员肌肉的灵活性，同时也能提高运动员的反应能力。

（二）高校足球教学中核心力量的训练要义

核心力量训练是一个循序渐进的过程，不可操之过急，任何事情都有其顺序性，要避免一切不切实际的训练方式。如果不进行得当的训练，效果就会差强人意。这就对教练或教师提出了很高的要求：掌握足球训练与肌肉训练的要旨，在运动之前做好准备工作，采用科学的方式对学生进行训练。

首先，要采用合理的方式、适当的时间进行训练。训练方式可以采用“多次，少时”的方式，多次是指在一天的时间内进行多次的训练，少时是指用短暂的时间进行训练，正如少食多餐一样，这样就可以不间断地训练学生的肌肉。同时安排好训练的强度等级，由易到难，由短时到长时，并且可以间歇性的增加训练次数，另外还可以采取多种方式进行训练。

其次，要采取适当的训练内容及方法。根据前文介绍过的核心力量的训练

方式，另外也可以结合其他的方式，如跑步等方式进行训练，训练是有很高要求的一种学习方式，因此科学性是很重要的，在合适的时间点和合适的情境下采用合适的训练方式。为了达到训练目的，挑选合适的训练内容是很主要的，根据训练的重点部位进行计划安排。另外还要安排个别的训练，人体之间是有差异的，每个人表现出来的机能也是有差异的，另外还有一些人本身机能挺强的但是就是没有表现出来，这就需要教练对个别的学生进行个别的训练教导。还需要根据运动员的个别身体状况，如有些学生肌肉拉伤，结合一些简单的核心肌肉的训练帮助其恢复身体机能。

五、我国高校足球教学需要进行核心力量训练的几个要点

综上所述，将核心力量训练引入高校足球教学中是符合当前我国足球运动的必然要求。我国足球事业一直处于瓶颈期，一直没有太出色的地方，但是在这样的压力下往往也面临着巨大的发展机遇。这就要求我们必须抓住机遇，积极应对我国足球事业的现状，并尽最大的努力去做好我国足球事业的基础工作，努力为国家足球的未来贡献自己的一份力量。

在我国高校足球教学中，要加强理论知识的指导、重视理论知识的讲解，要让学生从根本上知道这样做的原因，简单来讲就是要让学生掌握核心力量训练的操作要点和理解核心力量训练的好处。在这方面就需要相关的指导教师做好学生的思想工作和理论以及实践课程的教学工作，忽视甚至根本就不做理论讲解的训练方式是绝对不可取的。相关的专业教师应该在进行核心力量训练前对学生提供理论指导，并在进行训练时结合实际来配合完成示范核心力量训练的相关动作。在课程结束后，也要关注学生对核心力量训练相关动作的掌握理解情况，这样才能根据掌握的学生实际情况，制定详细科学的指导计划。

要完善相关的设计训练方案，有一个科学的训练方案是实现良好训练的重要前提。要针对学生自身的身体特征、身体素质等一些具体的情况，对力量训练的方法做出调整。所以这就要求相关的教师要有丰富的理论知识，这样才能充分地指导学生的体能训练，并且要深入学生之中去，去了解每一名学生的实

际情况，进而根据他们的素质和能力来制定具有针对性的体能训练计划，因材施教，使每名学生的体能和瞬间爆发力都能得到不断的提高。

要学会利用及使用现代的科学技术。目前，我国高校的足球教学要摆脱过去老旧的训练方法，借助现代科技设备来提高核心力量训练。核心力量训练，训练的是力量，而力量是人们看不到也摸不着的一种东西，所以，高校足球教师可通过多媒体等技术来全面演示核心力量训练的知识和要点，从而保证学生能够更快、更全面地掌握核心力量训练这一方法，并通过现代科技设备来进行核心力量的训练。

六、核心力量训练的几种方式

下面介绍几种核心力量训练的方式。

①平衡垫站立：采用这种方式就需要单脚站立在平衡垫或软垫上，身体保持平衡，同时将眼睛闭上，感受体内的变化，对核心力量的稳定性进行锻炼。

②单腿蹬：采用这种方式，顾名思义就是单脚站立，屈髋向下蹲，保证脚掌全部着地，紧接着就是连续的下蹲动作。

③健身球俯卧撑：运用健身球，类似于正常做俯卧撑的动作，只不过将双肘放在球上，做这个动作时，不要将胸碰到球。

④平衡垫平衡式：坐在平衡垫或软垫上，以尾骨支撑保持平衡，双手撑在身体后侧，腰腹肌肉紧缩，慢慢抬起一条腿，再抬起另一条腿，双手离开地面，腰部要直，保持平衡。

⑤跪球平衡：腹部收紧，用手扶好球，控制身体稳定，跪上球，同时夹紧大腿，双手交叉放于胸前，保持平衡。

体能的好坏直接决定一个运动员的技术能否得到良好、充分的发挥。随着经济以及社会的快速发展，人民群众的生活质量越来越高，休闲文娱活动越来越多，国家及人民大众对体育运动的重视程度也越来越高。而足球这项体育运动也在随着社会的进步而进步，像以前的一些传统、老旧的力量训练方式也早就不再适应现代体育运动训练了，所以这就需要对传统的力量训练进行调整和改革，吸收现代的先进的体能训练方式，把现代的先进的体能训练方式与传统的训练方式中的合理部分结合在一起，通过加强核心力量的训练，从而提高运动员自身的体能。

第七章　高校足球训练模式创新研究

第一节　高校足球运动训练中组合训练模式

随着世界足球运动的蓬勃发展，足球运动也逐渐成为我国社会各界重点关注的问题，但是必须承认的是，现阶段我国的足球竞技水平与很多国家相比都存在着较大的差距，逐步提升足球竞技水平势在必行。所以为了进一步增强足球竞技水平，我国高校也在积极组织开展足球运动训练，希望能够为足球运动的发展提供良好的支持。本节从组合训练模式入手对高校足球运动训练进行了分析，以期能够为高校足球运动训练效果的提升提供可靠的参数支持。

我国高校足球运动训练水平一直无法得到有效提升，究其原因，主要是缺少先进的训练理念，无法结合学生的实际情况对学生实施专业的教育和指导，并且在训练过程中教师缺乏对统一规划的重视，对足球训练的有序性和有效性产生了一定的不良影响。所以新时期基于高校足球运动训练的重要性，十分有必要结合高校实际情况探索更为科学的训练模式，逐步提升训练效果，对学生的足球运动能力加以培养。基于此，在本节中引入组合训练模式，希望能够为高校足球运动训练提供良好的支持。

一、组合训练模式的基本内涵

在足球运动训练中组合训练方法之所以能够得到广泛的应用并随着足球运动训练的发展而进一步发展，主要是因为研究界首先提出了组合训练理论，它能够为组合训练的实践和调整提供相应的理论指导。同时对组合训练理论进行分析，其主要结合了足球运动训练的基本目标，并综合考察足球运动员的实际水平，进而在综合分析相关要素的基础上对运动员实施针对性指导，并为了提升训练效果对训练活动进行良好的规范。在我国高校足球运动教学实践中，组合训练法的应用要求高校体育教师应该对现阶段的训练目标进行分析，然后结合学生的不同运动能力、接受能力等综合因素设置层次性训练方法，并选择难易相宜的训练内容，对学生实施合理的强化训练。除此之外，要想在训练实践中逐步提升学生的足球竞技能力，在选择训练方法的过程中教师也应该注意对运动员的位置进行综合考察，然后结合运动员所在位置的技术要求对学生实施专项训练，保证运动员参与足球比赛的能力也能够得到有效培养。借助组合训练模式的合理应用，我国高校足球运动训练效果就能够得到进一步提升，学生的足球运动水平也能够实现有效强化。

二、组合训练模式的应用背景

对于足球运动涉及的相关训练项目来说，其主要包含技术训练、战术训练、体能训练和心理素质训练几个方面的内容，从整体上看就是受训者各方面技能从低到高的逐步发展过程，能够最终实现对运动员足球运动技能和参赛心理素质的良好培养。而要想对足球运动员实施有效的训练，教练员首先应该掌握专业的训练知识，能够在训练过程中结合足球运动教学、训练方面形成的基本规律，按照运动员或者学生的实际情况安排身体素质训练、足球技能训练和比赛战术训练等方面的内容，促使运动员或者学生的足球训练技能得到循序渐进的提升。对我国足球运动训练的发展情况进行分析，随着国际上现代足球运动的蓬勃发展，我国在加强足球运动训练的同时也对高校足球运动训练提出了更高的要求：一方面，要求学生通过系统的学习能够全面掌握足球运动涉及的相关技能和战术；另一方面，也要求在充分训练后，在实际参与足球比赛的过程中能够熟练掌握技术、战术的应用时间、应用技巧等，增强技术、战术穿插使用的灵活性。所以高校在组织开展足球运动训练的过程中，应该合理应用组合训练法，从多角度对学生的足球运动能力加以培养，为学生足球运动水平的提升提供相应的保障。

三、在高校足球运动训练中合理应用组合训练模式的措施

针对足球运动训练涉及的各个方面，高校在组织开展足球运动训练的过程中可以结合不同的方面合理应用组合训练法，逐步提升学生的足球运动能力，为我国足球事业的优化发展贡献相应的力量。具体来说，根据高校足球运动训练的实际情况，体育教师在应用组合训练模式对学生实施足球运动训练的过程中可以从以下方面入手。

（一）高校足球运动训练中的组合体能训练方法

1. 结合“球训”组织学生参与体能训练

在足球运动训练中，“球”对于运动员而言是最为基础也是最重要的训练工具，高校学生参与足球运动训练的时间一般相对较短，“球感”较差，所以在实际训练过程中结合“球训”对学生的“球识”加以培养能够促使学生的“球感”得到进一步强化。换言之，结合“球训”对学生的体能实施组合训练，不仅使学生的体能得到了显著的提升，也使学生的“球感”得到了进一步的强化。该训练模式有助于对学生足球运动技能的培养。

例如，在一般的体能训练中，教师往往会选择长跑训练的方式强化学生的体能，增强学生的运动能力。而在组合训练中，教师可以组织学生参与带球快速跑训练，在实际训练过程中可以让两个学生组成一个小组，同时带球快速跑，并每一百米进行一次互相传球。

2. 高度重视力量训练

足球运动员的力量素质对运动员对抗能力和专项技术能力的培养有着决定性影响，甚至制约着学生专项技术动作速度的大小，所以在训练过程中必须保持对力量训练的高度重视。现代足球竞技运动中，运动员在做出进攻和防守等动作时往往会产生身体的接触和拼抢等，因此对运动员的力量素质具有较高的

要求。高校在实施组合训练的过程中应该将力量训练与快速训练相结合，保证学生能够快速爆发出较大的力量，完成足球运动的相关技术动作。因此，保证力量训练和快速训练的统一，能够为学生学习其他足球运动相关技能奠定基础。

（二）高校足球运动训练中的组合技术训练方法

1. 由易到难实施重复训练

学生对任何一项足球运动技术的学习和应用都必然经历从易到难、由简单到复杂的过程，所以在应用组合训练技术对学生实施足球运动技术训练的过程中，教师应该遵循循序渐进的原则，从单个技术的训练向着组合技术训练过渡。这样，学生在熟练掌握单个技术的基础上，能够结合教师的组合训练迅速将不同的技术动作进行组合，在反复应用和强化训练中掌握多种类型的过渡组合方式和转换衔接方式，促使学生经过系统的训练可以熟练地将各类技术动作应用到足球运动中。

2. 结合“实战演练”突出技术训练

现代足球技术训练经过长时间的发展已经逐步形成了明确的训练规律，并且足球技术训练规律表明受训者在长时间的运动过程中或者较大压力的环境下更容易掌握技术动作要点，提升训练效果。换言之，在对学生实施组合技术训练的过程中，教师要想提升学生的组合技术应用能力，还应该组织学生进行“实战演练”，让学生在反复应用过程中发现问题并解决问题，进而熟练掌握相关技术动作，提升自身的足球运动技术水平。

（三）高校足球运动训练中的组合战术训练方法

1. 运动员在赛场上应该明确了解相关核心战术

在世界足球运动蓬勃发展的社会背景下，世界上的很多足球队在不断训练和探索的过程中都制定了比赛战术，在一定范围内建立了有效的攻防体系，最大限度地发挥出了运动员的组合优势。但是这种攻防体系的构建以及攻防效果的有效发挥还需要 1V1 场景的支持，如果运动员能够在 1V1 场景中获得一定的竞技优势，那么这一足球运动战术的作用就能够得到有效的发挥。基于此，在足球竞技活动中 1V1 也就随之成为竞技比赛的核心战术，运动员在参与竞技比赛的过程中只有明确了解这一核心战术，才能够做到有效的进攻和防守，运动员的个人技术水平也可以实现最大限度的发挥，对竞技结果产生直接的影响。所以在组合战术训练过程中教师应该保障学生熟练掌握相关战术，并在比赛中铭记核心战术，切实保证战术训练效果，提升学生的足球运动竞技能力。

2. 结合实战场景模拟实施组合战术训练

高校体育教师在对学生实施足球运动训练的过程中为了有效培养学生的战术意识，在开展组合训练时还应该构建模拟实战场景，让学生能够置身于对抗比赛环境中，对战术的应用形成更为深刻的认识。例如在进行战术训练的过程中，高校体育教师可以结合本校实际情况有选择性地设置一个小型的比赛场景，然后组织开展实际比赛战术训练模拟，在课堂上营造出良好的实战氛围，促使学生的战术应用意识得到良好的培养。这样不仅能够使学生掌握不同技术战术的穿插应用方式，还能够有效提升学生的足球运动能力，为学生的个人成长以及我国足球运动的良性发展提供相应的保障。

综合上述分析，组合训练模式的应用能够为高校足球运动训练提供良好的支持，对学生足球运动能力的培养也产生着相应的积极影响。所以高校应该进一步加强对足球运动训练的重视，在训练过程中合理应用组合训练模式，有效提升训练质量，为我国足球运动竞技事业的发展提供良好的支持。

第二节 基于足球竞赛的高校足球训练模式

足球运动一直备受世界人民的喜爱和欢迎，将足球运动结合至高校体育教育中不仅能够提高大学生的身体素质，还能够培养大学生的团队合作能力和临场应变能力，因此足球教育的发展有着重要的教育价值和社会意义。本节首先简要分析了现阶段高校足球训练的现状，接着论述了高校足球竞赛体系的相关内容，最后提出了基于足球竞赛的高校足球训练模式的构建路径，旨在提高我国高校足球训练的创新发展，继而推动我国足球事业的进步发展。

现阶段的高校足球在训练中缺少训练目标和训练大纲，训练活动普遍是根据教师或教练的主观意识及经验进行的，因此足球训练过程不够规范和系统。同时现阶段的高校足球训练缺少先进的训练理念和训练技术，训练模式和训练内容的陈旧会影响大学生的训练积极性和训练效果。而基于足球竞赛的训练模式更是普及程度较低，其主要表现为足球竞赛系统发展不完善以及足球竞赛资源不够丰富等。

一、高校足球竞赛体系概述

竞赛是体育运动发展和创新的重要促进方式，同时也是检验训练效果的有效手段，因此合理的竞赛能够促进体育项目的高质量发展。对于高校足球竞赛体系，应从竞赛目标、竞赛设置、竞赛形式和竞赛管理四个方面进行论述。首先，高校足球的竞赛目标主要是普及发展校园足球，并通过足球竞赛提高校园足球训练的质量和效率。其次，在竞赛设置中，现阶段的高校足球竞赛缺少科学性和整体性，因此高校足球竞赛体系无法切实实现普及发展和技战术提高的竞赛目标。在高校足球竞赛形式中，对主客场制建立落实不健全。并且由于教学水平和基础设施的差异性导致各个学校在成绩和能力之间存在一定的差距。最后，在高校足球竞赛管理中，针对比赛过程的监督和管理力度不足，并且相应的奖惩机制落实不到位，因此健康和公平的足球竞赛机制仍需加强建设。

二、基于足球竞赛的高校足球训练模式的构建路径

首先，构建竞赛体系，提高足球训练质量。高校足球是促进中国足球发展的源泉和基础，因此高校足球的发展直接影响着中国足球的发展方向。竞赛体制是促进足球进步发展的重要渠道，学生通过足球竞赛能够提升自身的技术能力和比赛阅读能力，并且教师能够通过竞赛发现学生在足球场上存在的问题，制定具有针对性的教学方案。构建有效合理的校园足球发展模式，需要改变我国现阶段的需求训练模式，完善高校足球训练基础设备，积极响应国家教育部门关于校园足球建设的号召。同时政府应对高校的足球竞赛体系构建提供资金、技术和师资力量的支持，学校方面应完善校园内部竞赛制度，利用竞赛机制和体系促进校园足球训练的发展，提高学生的足球能力。

其次，借鉴成功经验，构建高校竞赛体系。在高校足球竞赛体系的构建中，应充分借鉴足球教育发展先进国家的教育理念。我国的足球水平和足球发展相对落后，因此相对于国内的足球教育发展而言，国外的足球竞赛和训练体系构建质量远高于国内水平。高校在构建竞赛体系时，可以积极地借鉴国外足球教育发展发达国家的经验，并坚持西体中用和扬长避短的原则，结合过程中应充分考虑我国的社会现状以及学生的身体素质，从而构建出适合中国足球发展的竞赛体系，推动我国足球事业的进步发展。

最后，师生互动训练，增强训练竞赛趣味。在基于足球竞赛的高校足球训练模式构建过程中，应增加师生互动训练环节，继而提高足球训练竞赛的趣味性和实效性。在高校足球竞赛体系的构建过程中，教练应充分发挥作用提高自身的参与积极性，与大学生进行更多的交流和互动，从而提高大学生的学习积极性。教练在参与过程中能够更加准确地发现球员存在的问题，及时给予球员针对性的指导。教练员亲身示范会使学生在最短的时间内进行有效学习。另外，足球教学的特点是教学环节和实践环节相互结合、交替循环，大学生的性格特点和心理状况导致其不愿被过多地管理和束缚，因此足球教练长时间和单方面地对大学生进行指挥训练会影响大学生的学习积极性和主观能动性，导致大学生丧失学习的兴趣和动力。在高校足球训练环节中，进行竞赛环节是实现大学

生学习主体地位的重要途径，并且教练也可以积极地参与教学实践活动，激发大学生学习和训练的积极性。

随着新课程改革的不断深入发展，现阶段的教育理念和教育目标也发生了一定的变化，并且社会的进步发展对人才素质和能力的要求越来越高，因此体育教育的改革成为教育领域的重点内容。足球运动作为世界三大体育项目之一，不仅能够提高学生的身体素质，还能够培养学生的团队合作意识和能力，以及临场应变能力，因此如何创新发展原有的足球训练模式，提高高校足球教学质量成为体育教学亟待解决的问题。基于足球竞赛的高校足球训练模式，能够有效提升校园足球训练的质量，继而促进我国足球事业的进步和发展。

第三节　我国高校足球运动员的培养模式

本节在分析目前我国高校足球运动员培养现状的基础上，从体能训练、进攻意识的培养、鼓励运动员参加全国性或者区域性的高校竞赛、拓宽高校足球经费的来源、对高校的场地设施进行合理的规划使用和吸纳高水平的足球教师和教练员6个方面探讨了我国高校足球运动员的培养模式。

一、我国高校足球运动员培养的现状

在竞技体育日益趋向全球化和国际化的今天，一个国家竞技体育的水平代表了其后备人才的可持续性，越来越多的国家意识到后备人才对于国家足球运动发展的重要性。大力开展高校足球运动，培养一大批后备优秀的人才，是使我国的足球冲出亚洲、冲向世界的一条有效路径。

最近几年，我国高校大力推广大学生足球运动，积极开展高校足球联赛，并取得了可观的成绩，但是与我国高水平优秀足球运动员的培养还是存在比较大的差距。目前，我国高校缺乏高水平的足球教练员；高水平的足球运动生源也比较单一化；我国高校足球联赛的体系还不够完善；我国高校对足球运动员的后勤保障、营养保障和医务监督还做得不够好；我国高校足球运动员对文化知识的学习与足球的训练以及比赛之间还存在诸多矛盾，一般足球运动员会忽略对文化知识的学习，只注重对足球运动能力的培养。

二、我国高校足球运动员培养模式的探究

（一）体能的训练

1. 要进行全面的身体训练

对高校足球运动员进行全面的身体训练的目的就是可以促进运动员身体的全面发展，从而使得运动员的各项身体素质都得到相应的提高，为运动员提高

专项身体素质打下坚实的基础。运动员各项身体素质的提高，可以延长运动员的运动寿命。

2. 要进行系统的训练

体能训练一定要以全面训练为基础，再进行系统的训练，这样才有可能取得期望的成绩。在以往对运动员进行体能训练时，由于教练员不重视对身体的训练，使得高校足球运动员的身体素质普遍偏差，从而严重影响了高校足球运动员对足球技战术的掌握。这样造成的后果是，即使足球运动员经过了若干年的训练，仍然不能使身体素质达到比较高的水平，这样无疑会使整个足球队的水平下降。对高校足球运动员的训练一定要贯彻在每个学期的体育训练当中，只有这样才能使得运动员的身体素质和体能不断提高，从而更好地适应足球比赛的要求。

3. 要进行大运动量的训练

在以往的训练当中，不难发现，对足球运动员进行大运动量的训练可以快速提高运动员的运动水平和成绩。教练员可以根据足球比赛的时长、一般的活动量和技术动作的难度等因素，有针对性地对运动员进行大运动量的训练，从而最大限度激发运动员的潜能，提高足球运动员的身体素质和对环境的适应能力。大运动量训练主要涉及运动量和运动强度两个方面，具体可以分为训练时间的长度、训练的密集度、训练的强度等几个方面，若是对运动员的训练脱离了这几个因素，就很难保证对运动员的训练达到了大运动量的程度。同时，教练员在对足球运动员进行体能训练之前，要使运动员明确知道进行大运动量训练对提高运动员足球水平的重要性，从而调动运动员参加大运动量训练的积极性。对运动员进行大运动量的训练，不仅可以提高运动员的身体素质，提高运动员的技战术水平，还能训练出运动员高水平的思想作风。

4. 要把一般训练和专项训练进行有机结合

在对运动员进行体能训练时，专项训练一般是在身体训练的基础上进行的，教练员要结合足球运动的特点来对运动员进行专门的训练，以提高足球运动员进行足球运动所必需的身体素质。由于足球运动所具有的特点，要求足球运动员必须具有迅速的反应能力、高度的灵活性、良好的速度和良好的耐力，这样的专业素质必须经过专门的、长期的、系统的训练才能养成。对高校运动员进行身体训练一定要紧密结合足球运动所需要的技战术，从而使得在提高运动员身体素质的同时，也能提高运动员的技战术水平。所以，教练员在对足球运动员进行身体训练的同时，一定要紧密结合战术的训练，从而使足球运动员在进行比赛时能够发挥出良好的身体素质和高超的技术。

（二）进攻意识的培养

1. 培养运动员技术的目的性

由于不同的运动员对足球运动的技术性有着不一样的认识，所谓技术的目的性指的是在进行比赛的过程中，所有的运动都要有一定的战术意图，而不是简单地、没有目的地运用。这就要求足球运动员要对所有的技术进行牢固的掌握，并且要领会每一项技术的根本和实质，只有这样，运动员才能在比赛的过程中进行自我的突破和自我的创新。例如，运动员在进攻时，为了寻找对方防守的漏洞，就需要运用一定的技巧去攻击。在运动员进行射门时也要把握好时机和射门的力度，不能只是为了射门而射门，射门的目的是把球送入球门。运动员只有明白了足球技术的目的性，才能在比赛时发挥出更高的水平和能力。

2. 培养运动员动作的隐蔽性

动作的隐蔽性指的是运动员在进行足球训练或者比赛时，不仅要知道自己的目的，还要注意保持自己的动作目的不被对手知道，让对手不清楚你下一步要干什么。就像孙子兵法上所记载的声东击西，让对手不明白你的进攻意图。隐蔽动作的欺骗性非常强，可以很好地迷惑对手，使对手产生错误的判断，从而导致对手不能很好地防守，以达到进攻的目的。

3. 培养运动员战术的灵活性

运动员要学会根据实际的情况灵活地选择战术，要做到听从教练的安排，还要做到随机应变。所以，教练员在进行战术的制定时也不能做得过于强硬，一定要给运动员留有足够的自由发挥的空间。培养运动员战术的灵活性，提高运动员随机应变的能力，使得运动员在对战术的执行过程中，面对变化多端的情形，可以保持冷静的头脑，并灵活地执行战术。

4. 培养运动员进攻的主动性

要想取得比赛的胜利，运动员在进攻的过程中一定要保持主动性，运动员要主动寻找比赛的节奏，主动进攻。运动员要学会读懂对方的防守战术，要在其不经意时发起进攻。运动员只有具备了进攻的主动性，才不至于跟着对手的节奏进行比赛，才能在整场比赛中占据领导者的地位。

（三）鼓励运动员参加全国性或者区域性的高校竞赛

目前，我国的高校足球竞赛机制还不十分完善，每年只有几项比较固定的全国性或者区域性的足球赛事，这就要求我国的高校必须要把握机会，积极参加各类高校足球联赛。积极参加高校足球联赛，不仅可以强化球队的能力，还可以加强球队的团结能力；高校内部也要积极组织大量的校内足球比赛，让运动员可以比赛过程中总结经验，以提高运动员的能力和水平。

（四）拓宽高校足球经费的来源

据了解，全国高校足球联赛的经费和方案已经到位，高校的联赛是由教育部主导的，经费也是由教育部支出的。尽管教育部给予了高校极大的扶持，但是高校不能仅仅依靠教育部的支持来发展高校的足球运动，高校应该清醒地认识到，要想发展足球运动，教育部的投资只是杯水车薪。所以，高校必须要拓宽足球运动经费的来源。首先，高校可以把学校的体育场地或者体育设施对外开放，将获得的经费投资给学校的足球运动，促进高校足球运动的发展；其次，高校也可以积极联合社会的资源，建立与社会上的企业和单位合作的机制，通过企业进行赞助的形式，来吸纳更多的经费发展高校的足球运动。

（五）对高校的场地设施进行合理规划和使用

由于我国大部分高校的足球场地设施都比较陈旧，这与足球场地设施在建设初期的规划不合理和使用不科学有直接的关系。所以，高校在建设新的足球场地之前，一定要对足球场地和设施进行合理的规划，并且要结合实际的竞赛和训练进行进一步的改进。另外，运动场地和设施在使用的过程中，应该配备专门的场地管理人员，并且要制定相应的足球场地的使用原则，从而保证高校足球场地和设施的合理使用。

（六）吸纳高水平的足球教师和教练员

要想进一步发展和普及高校的足球运动，优秀的足球教师是其发展的保障，高水平的教练员是提高高校运动员水平的根本。所以，高校应该放低足球教师学历的门槛，而不是单纯地将目光放在高等院校的专家和教授身上，应该全面面向社会吸纳足球领域的专业人才，只有这样通过广纳人才的方式，才能让更多的专业人才参加到足球的教学和训练当中，才能提高高校足球运动员的整体素质和水平。

高校的人才资源非常丰富，在高校发展足球运动具有非常大的优势，这些优势在教育、人文和科技等方面都可以体现。高校足球运动的发展可以依附于人才优势，进行不断的完善和创新，从而实现我国足球运动的可持续发展。

第八章　高校足球训练实践应用创新研究

第一节　教练技术在高校足球队训练中的应用

当下除了少数高校具有资格招收高水平运动员外，大部分高校足球队生源均来自体育特长生或者爱好足球的普通大学生，在系统训练以及足球的技战术能力等方面均存在不足。而高校足球队教练员基本为兼职教练员，同时兼任教学任务，且专业性有待进一步提升。因此，基于我国高校足球队队员与教练员的现状，要想在短期内在技战术方面有大幅度的提升存在一定的难度。本节试图去探索教练技术之“生命平衡轮”“换框理论”“闪光时刻”在高校足球队训练中的应用来提升高校足球队的足球竞技水平。

“教练技术”源于体育运动。1975 年，美国网球教练添 · 高威用 20 分钟教人学会了打网球的方法，该方法后被引入企业管理及社会生活的方方面面，称为“教练技术”。添 · 高威在采访中说：“我并没有教她打网球的技巧，我只是帮助她克服了自己不会打球的固有意识，帮她将注意力集中在网球上，她的心态经历了从‘不会’到‘会’的转变，就是这么简单。”教练技术融合了运动学、心理学、教育学等一系列方法，激发被教练者发掘自己的潜能，探求更多的可能性，令被教练者达到自己的目标。将教练技术运用于高校足球队的训练中来，有助于挖掘队员的最大潜能，锻造卓越的足球团队。

目前我国高校足球队根据生源分类可以分为两类。一类是高水平足球队。高水平足球队一般招收具有二级运动员以上等级证书的高中学生运动员或者招收职业梯队具有一级运动员以上等级证书的退役运动员。另一类是普通校队。

普通校队的生源主要来自普通高中体育特长生或者具有良好足球天赋热爱踢球的普通高中生，这种生源成为普遍高校的足球校队的主力生源。本节主要探讨普通校队，普通校队更普遍且更具代表性。以浙江省高校为例，除浙江大学、宁波大学、浙江工业大学以及浙江财经大学四所高校具有招收高水平足球运动员资格、组建高水平运动队外，其他高校均为普通足球队，队员均缺乏系统的足球训练与扎实的足球基本功。

就高校足球教练员而言，目前我国高校足球队教练员大多数为兼职教练员。教练员们大多是在完成教学任务之余，同时承担着校足球队的训练任务，且教学与训练存在同工不同酬的情况。许多高校兼职教练员带高校足球队并不算工作量，更不算科研绩效等，导致兼职教练员带队训练积极性不高。从教练员的专业性而言，目前浙江省大多数高校教练员来源于体育院校体育相关专业，足球专业教练员并不多，这体现在带队水平以及平时的训练方法上存在一定的不足之处。据不完全统计，目前浙江省高校教练员中具有足球一级运动员资格的教练员不足 10 人，具有亚足联—中国足协 C 级及以上职称的教练员不足 20 人。

根据 2015 年 3 月国务院办公厅印发的《中国足球改革发展总体方案》（以下简称《方案》）中改革推进校园足球发展的要求，“推动成立大中小学校园足球队，抓紧完善常态化、纵横贯通的大学、高中、初中、小学四级足球竞赛体系，探索将高校足球竞赛成绩纳入高校体育工作考核评价体系。”根据《方案》要求，我国对各个阶段的校园足球都很重视，同时也有更高的要求。

教练技术的普及发展与企业的管理密不可分，教练技术被企业引进并广泛应用，成了一项管理技术。该项技术结合了管理学、社会学、心理学、教育学等各类学科，最终目标是促进企业中个人或者团队的潜能激发与目标绩效达成。教练技术源于体育运动，同时又可以反作用于体育运动。本节将在以下三个方面探讨如何使用教练技术的方法管理与带领高校足球队，使其在技能、比赛、状态等方面都能有一定的突破。

一、教练技术之"生命平衡轮"方法的应用

高校足球队在组队过程中，许多同学凭借着兴趣爱好及学习的心态加入足球队，没有明确的进队目标。在一组针对杭州某高校加入校足球队队员的调查过程中，67% 的同学进入足球队是因为爱好，22% 的同学是为了学习足球技能提高技术，5% 的同学是为了炫技得到认可，6% 的同学是由于其他原因。由此可见，高校足球队在组队的过程中，队员们的目标并不明确。高校足球队作为一个团队，需要有明确的目标。教练在组队的过程中首先应明确球队及个人的目标。在一组针对杭州高校教练员的调查中，就带队目标这一问题，55% 的教练员目标不明晰，仅是为了完成学校交给的任务，36% 的教练员目标清晰，6% 的教练员没目标，3% 的教练员选择其他。

教练技术之"生命平衡轮"方法可以应用于球队的目标管理。平衡轮是一个圆饼图，在个人的生涯教练技术中运用得比较多，即用圆饼图的方式划分出八个部分，如作用于个人的生涯可以划分为家庭、工作、休闲、财务状况、个人成长、健康、朋友和自我实现八个部分，再分别列出目标。平衡轮作用于球队，则可以根据球队的状况来划分具体的八个区域，也可以根据实际情况进行调整。如教练可以让每个队员写出自己在球队的到场目标、训练目标、比赛目标，对球队的个人贡献、团队贡献、比赛贡献，以及期待自己在球队达到的个人与团队状态。采用教练技术平衡轮的八个方面来制定目标，使队员在厘清现状的同时，给自己制定目标，提高其主观能动性，激发其潜能。如制定了到场目标后，队员在请假的时候则会有所顾虑；制定了训练目标，在训练时会更加认真与主动，而不是敷衍了事或者被动训练；制定了比赛目标以及个人对团队的贡献，则会在比赛的过程中更投入；写下了自己期待在球队中达到的状态，在球队的活动中则会朝自己期待的状态去努力。如果队员每个人的平衡轮启动，则球队的平衡轮就启动起来了。教练也可以利用平衡轮制定球队的训练、管理、比赛等目标，当所有的平衡轮运转起来时，球队会达到一个良好的运转状态。

二、教练技术之“换框理论”方法的应用

在运动竞技过程中，心态管理变得非常重要。教练技术的“换框理论”方法可以让教练员带领队员在运动过程中以积极正向的视角看待问题、解释问题并找到解决问题的方法。每一个人都有一定的心理“框架”，在面对一定的事件或者情景时，会根据既有的模式做出条件反射式的反应。大部分人面对出现的问题都会在想“出了什么问题？”“为什么会这样？”“是谁的过错和责任？”。“换框理论”方法要转变的是人们的固有认知模式，将问题框架转变为结果框架，出现问题时，以结果框架为导向的思维方式来处理问题“你想要什么？”“你怎样能得到它？”“有哪些可用的资源？”

例如，当球队在比赛过程中丢球的时候，教练员应当引导球员去思考这场比赛我们需要什么样的结果，怎样才能赢得比赛，我们应该怎样调动球队的资源来赢取比赛，而不是一味地责怪某位球员在球场上表现不佳或者守门员未守住球门等。又如，在训练的过程中，当整个队伍惰性比较强、训练没有积极性时，作为教练应该怎样去引导与调动球员的积极性，利用“换框理论”方法可以引导他们去思考训练最终要达到什么样的结果，怎样才能达到这个结果，利用哪些资源可以达到这个结果，而不是责怪大家训练没有积极性，责怪并不能解决问题。

三、教练技术之“闪光时刻”方法的应用

优秀的教练都会回放比赛，研究对手，同时也会对自己的运动员查漏补缺，分析做得好与不足的地方。查尔斯·杜希格在《习惯的力量》一书中说：“人生不过是无数习惯的总和。”对于运动员而言，就是不断地训练形成固定的习惯，比赛的时候形成习惯性的反应。教练技术之“闪光时刻”方法在运动训练中的运用，在于教练通过回放比赛或者训练的视频，带领队员发现自己以及团队在比赛、训练过程中做得好的某些方面，发现个人、团队的闪光点。“你想改变习惯，先要了解你属于你自己的‘习惯回路’。”回放视频，着重于发现“闪光时刻”，就是在了解自己的“习惯回路”。因为“习惯回路由暗示、惯

常行为和奖赏三个部分组成。”当教练员带领运动员一起发现个人及团队的“闪光时刻”时，应在日常的训练、比赛过程中加以运用。通过训练使“闪光时刻”这一表现好的行为得以强化、固定，再通过不断的奖赏这一行为使其形成“习惯回路”。那么运动员日常的训练、比赛会通过不断的正向加强“闪光时刻”的练习而不断取得进步，最终促使整个团队不断地取得进步，从而提高整个团队的竞技水平。

第二节 循序渐进原则在青少年足球教学训练中的应用

在素质教育背景下，学校越来越注重青少年的体质训练。足球运动对于青少年而言，本身就有一种独特的吸引力，为此在高校的足球教学训练中，青少年都抱有浓厚的学习兴趣。然而，由于足球教学训练的特殊性，致使循序渐进原则不能得以有效运用，这就造成青少年足球教学训练的滞后性。近些年来，在足球教学训练中因为不能正常贯彻落实循序渐进的原则，致使广大青少年足球运动员不能展现其应用的训练成果。基于此，本节首先讨论了循序渐进原则对青少年足球教学训练的重要性，然后以青少年足球教学训练中循序渐进原则的应用分析为研究课题，进行系统的阐述和研究。

无论何种运动都有其需要遵循的教学原则，例如，对足球教学训练来讲，教学原则既能够帮助教师制定一系列教学计划，还能够指导学生进行有效的足球训练。由此可见，教学原则贯彻于足球教学训练的整个过程，然而，在实际的足球教学训练中循序渐进原则并不能得到有效的实施和运转。从客观角度而言，青少年足球教学训练的循序渐进原则不能有效开展，制约了青少年足球运动员的培养进程。

一、循序渐进原则对青少年足球教学训练的重要性

循序渐进原则一直是青少年足球教学训练的教学准则，在青少年足球运动员最关键的训练时期，需要经历大大小小 400 场比赛。在这一系列的足球训练比赛中，每一步的足球教学训练都必须始终贯彻循序渐进原则，一旦出现运用不当的情况，就会严重影响青少年足球运动员的健康成长。

一般而言，青少年都是在 12 岁左右接受足球教学训练的，一直训练到 18 岁。而这长达 6 年的训练，既是青少年成长发育的关键时期，也是青少年各项足球训练技能成熟的关键时期。在此期间，循序渐进原则需要贯彻青少年的整个足球训练生涯，青少年也在足球教学训练中学习到最为关键的足球技术，当然教

师也必须采用一些比赛中必不可少的训练方式。而循序渐进原则在青少年足球教学训练中的应用则是为了避免青少年在比赛或训练中受到伤害。此外，循序渐进原则也是青少年足球教学训练对青少年心理的一种缓冲，因为青少年在比赛中一般而言胜负欲都比较强烈，一旦遇上较为强劲的对手，很容易打压青少年的积极性，严重者可能造成青少年的心理压抑。循序渐进原则的应用就是为了缓解这种情况，它为青少年树立一个循序渐进的心理过程，让青少年逐渐对比赛有一个平和的心理状态，进而能够客观地看待自己在每场比赛中的表现，并且能够对自身的足球技能以及应变力做出一个比较客观公正的评价。

二、循序渐进原则在青少年足球教学训练中的应用分析

（一）循序渐进原则在青少年对抗练习中的应用分析

对抗性练习是从足球比赛的实战需要出发进行的训练，是足球教学训练过程中一种行之有效的训练手段，这种训练方式被很多青少年足球教学训练球队运用。但是在对抗性的足球教学训练中，很难明确、清晰地把握循序渐进原则。如果循序渐进原则运用不当，很容易给青少年的心理造成创伤，而且势必会给接下来的足球训练造成影响。

在足球教学训练中之所以循序渐进原则应用不当，多半在于足球教学训练员不能准确把握训练难度，训练难度的拿捏一旦过大，青少年很容易被足球教学训练的困境吓到，而且在训练中因为技能的不足，会造成身体部位受到损伤，进而延缓接下来的足球教学训练进程。

（二）循序渐进原则在速度训练中的应用分析

速度训练是足球教学训练中练习难度较大的一项技术性练习，但是对青少年在足球比赛中的获胜起着至关重要的作用。然而在实际的足球教学训练中，对速度训练的练习难度非常难以拿捏准确。一般而言，循序渐进原则在青少年足球速度训练中的应用主要是在球速和青少年的动作衔接速度当中。以两人短距离脚弓直接换球为例，因为青少年在初学足球期间其年龄较少，身体各项素

质远远不能满足足球教学训练的要求，因此教练员只能以最简单的动作进行训练，慢慢地提升训练难度，从而加快青少年两人之间足球的传播速度。

然而，青少年在初步练习期间，对传球的力度难以把握，再加上训练场地比较简陋，训练过程中很难自主控制训练难度，使得循序渐进原则无法在速度练习中得以有效的施展。此外，青少年作为足球教学训练的初学者，教练员在足球教学训练过程中对一些需要掌握的技术、动作往往是大而化之，甚至对一些复杂的动作进行修改，对循序渐进的教学原则也仅仅停留在形式化的应用中，最终造成青少年足球教学训练的徒劳无功，还浪费了青少年大量宝贵的足球训练时间，进而还重重地打压了青少年足球训练的积极性。

（三）循序渐进原则在青少年足球教学训练中的应用策略

首先，正确确立青少年足球教学训练的指导思想。青少年足球教学训练指导思想的确立是循序渐进原则在青少年足球教学训练得以有效应用的重要基础。对于当下的青少年而言，足球运动只是其一时的热爱。足球教学训练员要想让青少年重视足球教学训练必须要有一个教学指导思想的支持，让青少年立足于实际，切实地打好足球训练的各项基础，减弱其浮躁的情绪和好胜的心理，帮助其稳定比赛心态即既不好高骛远也不妄自菲薄。

除了青少年以外，足球教学训练员也要摆正自己的教学态度，不可急于求成，让青少年过度参加足球比赛，而忽视了对青少年各项基础技术的练习。因此，在青少年的足球比赛中，根据青少年的技能状态，每年应以选择 50 场比赛到 70 场比赛为宜，剩下的时间则应该将青少年足球教学训练的时间、休整时间、比赛时间进行合理的规划，遵循训练的科学化、合理化原则，对青少年的足球技术以及身体素质基础进行强化。

其次，准确把握青少年在对抗性练习中的时间比重。对抗性练习是青少年足球教学训练中一个占比较大的训练模块，但是在实际的训练中循序渐进原则的难度拿捏不当很容易造成训练过程中的失误现象。这极其容易造成青少年的心理创伤，打压青少年足球训练的积极性，而且还容易对青少年的身体部位关节造成损伤。基于这种情况，为了合理化地掌握循序渐进原则的训练难度，建议在初期一到两年的足球教学训练中，足球教学训练员运用 10% ～ 15% 的时间对青少年进行对抗性练习的指导，并且给青少年穿戴一定的比赛护具，避免其受到身体损伤。然后，随着青少年在足球教学训练中技能和各项身体素质的增长，逐渐增加对抗性训练的时间比重但是总比重不应该超过 25%。

最后，加强对青少年全面基础技术的训练。青少年的足球教学训练中最容易忽视的便是全面基本技术的训练，但是青少年全面基本技术是青少年练习各项足球技能的基础，也是提升其训练速度的重要基础。而循序渐进原则之所以不能在青少年足球教学训练中得到有效应用，很大一部分原因就在于足球教学训练员对全面基本技术的忽视，致使青少年的足球基础不扎实。而循序渐进原则又难以把握训练难度，进而造成循序渐进原则在青少年足球教学训练中难以取得其预想效果，青少年的足球技术也与训练预想差距甚远。由此可见，加强青少年足球教学训练的全面基础技术练习具有重要意义。

参考文献

［1］钟小红，刘玉兰．试论体育德育资源与高校“思政课”教育教学的实效性：以体育专业为例［J］．湖北经济学院学报（人文社会科学版），2016，13（8）．

［2］常益，张姝．健体育魂：大学体育课程的思政教育转向研究［J］．体育文化导刊，2018（6）．

［3］李廷旺．浅谈体育活动在高校思政教育中的作用［J］．中国市场，2012（39）．

［4］蔡少雄．高校足球运动价值定位与推广策略研究［J］．九江学院学报（自然科学版），2016，33（4）．

［5］俞文谦．提升体育教学中的思想政治教育功能的有效途径［J］．教育现代化，2017（26）．

［6］张碧昊．高校校园足球文化建设的功能、影响机制及对策研究［J］．文体用品与科技，2012（5）．

［7］高源．生本视域下高校校园足球文化的建设策略［J］．运动，2018（6）．

［8］董金果．高校足球文化建设策略浅析［J］．当代体育科技，2014，4（1）．

［9］王洪荣．组合训练法在高校足球教学中的应用研究［J］．开封教育学院学报，2016，36（7）．

［10］李卓，何伟黎．高校足球运动训练中组合训练的应用［J］．文体用品与科技，2018（2）．

［11］陈启和．组合训练法在中职足球教学活动中的应用［J］．课程教育研究：学法教法研究，2016（29）．

[12] 古彬 . 高校足球运动训练中组合训练的应用 [J]. 中国多媒体与网络教学学报，2017（4）.

[13] 姜小峰，郭宏泰，高鹏，等 . 对足球基本技术中组合技术训练的分析 [J]. 考试周刊，2008（36）.

[14] 陶运三 . 安徽省高校足球文化建设的价值取向与发展路径研究 [J]. 佛山科学技术学院学报（自然科学版），2018，36（5）.

[15] 罗伟坤 . 影响广州市高校校园足球文化发展因素的调查研究 [J]. 运动，2017（11）.

[16] 王娟，李亚，李彬，等 . 制约石家庄市高校足球文化发展的主要因素 [J]. 现代农村科技，2017（4）.

[17] 高萌 . 高校足球文化的建构及若干问题研究 [J]. 当代体育科技，2016，6（29）.

[18] 袁松 . 高校校园足球文化的发展现状调查及影响因素分析：以南充市高校为例 [J]. 当代体育科技，2016，6（24）.

[19] 刘忠，庞博 . 探究影响高校足球文化发展的因素 [J]. 运动，2016（10）.

[20] 刘忠 . 构建校园足球文化对足球运动的可持续发展的作用 [J]. 文体用品与科技，2016（8）.

[21] 矫海龙 . 影响高校足球文化发展因素的研究分析 [J]. 科技风，2015（4）.

[22] 廖培 . 高校校园足球文化的构建及发展对策研究 [J]. 运动，2015（3）.